lonely planet

LISBONNE

EN QUELQUES JOURS

Regis St Louis, Kevin Raub

Sommaire

Préparer son séjour

Elevador de Santa Justa (p. 64)

MATT MUNRO/LONELY PLANET ©

Explorer Lisbonne 31

Vaut le détour

Carnet pratique 147

Coups de projecteur

Bienvenue à Lisbonne

Baignant dans une lumière exceptionnelle, Lisbonne affiche une beauté cinématographique et une histoire fascinante au gré de ses sept collines sillonnées par des tramways bringuebalants ou par de vieux funiculaires, et couronnées par un château maure. Il faut dire que sous un grand ciel bleu, la capitale portugaise a tout pour plaire avec ses belles vues de carte postale grand angle, son charisme et son dynamisme, sur fond de fado mélancolique et de vie nocturne animée.

MATT MUNRO/LONELY PLANET ©

Les incontournables

Le Mosteiro dos Jerónimos

Joyau de l'art manuélin classé au patrimoine mondial de l'Unesco.
p. 96

SOLTAN FRÉDÉRIC/GETTY IMAGES ©

FARBREGAS HARELUYA/SHUTTERSTOCK ©

Le tramway nº 28

Le tramway emblématique de Lisbonne.
p. 72

TONY4URBAN/SHUTTERSTOCK ©

Le Castelo de São Jorge

Forteresse médiévale haut perchée dominant la ville. **p. 76**

ZABOTNOVA INNA/SHUTTERSTOCK ©

Le Museu Nacional de Arte Antiga

Une collection prestigieuse abritée dans un palais du XVIIe siècle.
p. 133

Le Museu Calouste Gulbenkian

Le plus éblouissant musée de Lisbonne. **p. 120**

GIANCANA/SHUTTERSTOCK ©

LHS: LEISA TYLER; RHS: CULTURA EXCLUSIVE/BIZ JONES/GETTY IMAGES ©

Praça do Comércio

Cette grande place donnant sur le Tage est le cœur de la ville. **p. 56**

Le Convento do Carmo

Un fascinant couvent réduit en ruine par le séisme de 1755. **p. 34**

L'Oceanário

Le deuxième plus grand aquarium d'Europe. **p. 112**

Le Museu Coleção Berardo

Chefs-d'œuvre de l'art contemporain à Belém. **p. 98**

Le Museu Nacional do Azulejo

Pour découvrir l'art de l'azulejo. **p. 92**

Gastronomie

Le succès immuable des classiques comme le bacalhau *(morue salée) et les* pastéis de nata *(tartelettes à la crème) n'a pas empêché la capitale portugaise d'étoffer depuis peu son offre gastronomique grâce à des chefs créatifs ouverts aux saveurs du monde. L'originalité prend le pas sur le conformisme et les lieux les plus improbables – couvents, musée de la Pharmacie, ancien magasin de pêche – deviennent des restaurants.*

Le charme des tascas

Tables rapprochées, brouhaha et valeurs sûres portugaises roboratives caractérisent les *tascas*, ces petits restaurants familiaux bon marché. Les meilleurs se nichent souvent dans les ruelles de la Baixa, de l'Alfama et du Bairro Alto. Les *churrasqueiras* (grill) s'avèrent tout aussi typiques et peu onéreuses.

Tables prestigieuses

Les restaurants gastronomiques de Lisbonne misent sur la simplicité, la créativité et la qualité des ingrédients. Des chefs comme José Avillez, João Rodrigues et Henrique Sá Pessoa ont placé Lisbonne dans le viseur des gourmets grâce à des menus dégustation où les ingrédients ont toute leur importance. Ils revisitent la cuisine portugaise, du cochon de lait rôti au *bacalhau*.

Cours de cuisine

Apprenez à préparer, puis dégustez, des spécialités traditionnelles portugaises à **Kiss the Cook** (☎ 968 119 652 ; www.kissthecook.pt ; Rua Rodrigues de Faria 103 ; cours 65 €). Repas et vin inclus dans le tarif.

Tables gastronomiques

Alma Le chef Henrique Sá Pessoa, étoilé Michelin, propose une cuisine portugaise de haute volée. (p. 45)

Loco Les "moments" concoctés par le chef Alexandre Silva, étoilé Michelin, dessinent un voyage culinaire unique et inattendu. (p. 139)

Bairro de Avillez Le "quartier" gastronomique du célèbre chef José Avillez propose des expériences culinaires multiples en un seul lieu. (p. 43)

Feitoria À Belém, dans son restaurant en bord

SABINO PARENTE/500PX ©

de Tage, João Rodrigues sublime à la perfection les produits de saison. (p. 108)

Tascas et tavernes

Taberna da Rua das Flores Cet établissement sert de petites assiettes à base d'ingrédients locaux dont le contenu change tous les jours. (p. 44)

Tasca Zé dos Cornos Une adresse familiale où déguster de savoureux classiques portugais. (p. 85)

Ti-Natércia Un joyau discret de l'Alfama où "tante" Natércia concocte ses recettes maison. (p. 86)

Tables romantiques

100 Maneiras Un petit restaurant intimiste du Bairro Alto où s'attarder devant un menu dégustation réussi de 10 plats. (p. 45)

Flor da Laranja Restaurant marocain et cosy dans le Bairro Alto. (p. 44)

Vicente by Carnalentejana Un lieu agréable spécialisé dans la cuisine de l'Alentejo. (p. 43)

Bistrots

Santa Clara dos Cogumelos Situé dans une ancienne halle de marché, le champignon y est roi. (p. 86)

Clube de Jornalistas Ce restaurant élégant et épuré occupe une maison du XVIIIe siècle donnant sur une cour arborée. (p. 139)

Petiscos

Pharmacia Dans le musée de la Pharmacie, on sert d'appétissants mets à partager dans des éprouvettes. (p. 44)

Santo António de Alfama Cette institution de l'Alfama sert de délicieux *petiscos*. (p. 87)

Bon à savoir

Le couvert, c'est-à-dire le pain, les olives et autres amuse-bouche systématiquement apportés à table, sont facturés. On ne paie que ce qu'on consomme, mais il est d'usage de renvoyer ce dont on ne veut pas.

Bars et vie nocturne

Lisbonne, la fêtarde, est une destination idéale pour faire la bringue. Que l'on trinque à ses nouveaux amis dans les ruelles du Bairro Alto, que l'on se déhanche à un concert au Cais do Sodré ou que l'on avale une ginjinha (liqueur de cerise) au Rossio à l'heure de l'apéro, impossible de ne pas se laisser emporter par l'esprit festif de cette ville ô combien conviviale.

Les quartiers où sortir

Commencez la soirée dans un minuscule bar à *ginjinha* du Rossio. Les amateurs de fado fileront dans les clubs familiaux authentiques à la lumière tamisée de l'Alfama aux airs de médina. Au Bairro Alto, tout le monde se retrouve dans la rue et navigue de bar en bar après minuit. Tout aussi ouvert d'esprit, bohème et noctambule, l'ancien quartier interlope du Cais do Sodré a le vent en poupe avec un nombre croissant de bars glamour et de discothèques. Pour une ambiance plus calme et gay-friendly, direction les bars à cocktails et les cafés branchés de Príncipe Real, au nord. À l'ouest du centre, les bars à la déco industrielle et les discothèques attirent aussi du monde aux docks d'Alcântara.

Cocktails

Pavilhão Chinês De délicieux breuvages servis dans un décor extravagant. (photo ; p. 46)

Foxtrot Un bar de style Art nouveau à la décoration kitsch et chargée, dont les cocktails ne manqueront pas de surprendre. (p. 140)

Red Frog Bar classe et élégant réputé pour ses cocktails. (p. 128)

Bars à vins

BA Wine Bar do Bairro Alto L'un des meilleurs bars à vins de Lisbonne, avec du fromage artisanal et de la délicieuse charcuterie en accompagnement. (p. 46)

Wine Bar do Castelo Une adresse incontournable pour déguster de grands vins en grignotant, près du Castelo de São Jorge. (p. 89)

O Bar da Odete D'excellents vins à savourer avec du *presunto* (jambon sec). (p. 66)

Sur les toits

Park Un bar en terrasse ultra-branché. (p. 45)

GREG ELMS/GETTY IMAGES ©

Memmo Alfama Le bar de ce boutique-hôtel jouit de magnifiques points de vue. (p. 87)

TOPO Martim Moniz Lounge à la décoration arty avec vue sur le château. (p. 66)

Sky Bar Perché sur un toit de l'Avenida da Liberdade, ce bar haut de gamme offre une vue sur tout Lisbonne. (p. 128)

Bières artisanales

Quimera Brewpub Des bières uniques, certaines issues de brasseries locales. (p. 140)

Duque Brewpub Dans une rue en escalier du Chiado, 12 types de bières artisanales portugaises. (p. 47)

Outro Lado Une adresse détendue de l'Alfama où l'on sert des bières portugaises et belges. (p. 89)

Quiosque 8ª Colina Excellentes bières à déguster en descendant du tramway n° 28, qui passe juste devant. (p. 89)

Concerts

Mesa de Frades Les accords magiques du fado dans une ancienne chapelle minuscule. (p. 90)

A Tasca do Chico Bar à fado populaire du Bairro Alto, où les amateurs n'hésitent pas à fredonner quelques airs. (p. 48)

Damas Salle de concerts éclectique et alternative de Graça. (p. 90)

Zé dos Bois Concerts et performances artistiques expérimentales. (p. 49)

Senhor Fado Pour écouter du fado dans une ambiance intime et chaleureuse, dans l'Alfama. (p. 89)

Discothèques

Lux-Frágil L'un des meilleurs méga-clubs d'Europe, temple de la danse et gay-friendly sur les rives du Tage. (p. 87)

Bosq Club branché où l'on vient se montrer ou simplement danser. (p. 140)

Discoteca Jamaica Un lieu accueillant où danser sur du reggae. (p. 48)

Shopping

Avec ses boutiques ouvertes tard le soir qui attirent les amateurs de fripes et de vinyles, le Bairro Alto est le fief du vintage chic. Les rues élégantes du Chiado se prêtent au shopping, accessible ou haut de gamme, au son des musiciens de rue. Les boutiques figées dans le temps de l'Alfama, de la Baixa et du Rossio sont spécialisées dans la vente de boutons ou de gants, de porto ou de conserves de poisson.

Souvenirs

Beaucoup de boutiques touristiques vendent de la camelote, mais on trouve quantité d'articles d'artisanat portugais de qualité.

Liège

Le Portugal est réputé pour son liège, produit de façon durable. Outre les bouchons de bouteilles de vin, on trouve portefeuilles, sacs à main, sandales, carnets, coques de portable et même parapluies en liège.

Azulejos

Ces ravissants carreaux de faïence ornant tant de bâtiments portugais (à l'extérieur comme à l'intérieur) constituent de beaux souvenirs. Certains, peints à la main, sont décorés de motifs uniques.

Vins

On trouve d'excellents vins au Portugal, à prix raisonnables. Faites votre choix entre les vins rouges de l'Alentejo, du Douro et du Dão, le *vinho verde* pétillant (idéal l'été) et les vins mutés comme le Moscatel de Setúbal, produit dans la péninsule située juste au sud de Lisbonne.

Souvenirs

A Vida Portuguesa Choix de produits portugais rétro, accessoires de maison et objets artisanaux. (p. 50)

A Arte da Terra Vaste sélection de produits artisanaux portugais authentiques. (p. 91)

Boutiques spécialisées

Cork & Company Créations élégantes et originales en liège issu de cultures durables. (p. 51)

Claus Porto Produits de beauté, savons et crèmes d'excellentes qualités et très bien présentés. (p. 51)

Cortiço & Netos Temple rétro de l'azulejo industriel, tenu par quatre frères passionnés. (p. 90)

SALVATOR BARKI/GETTY IMAGES ©

Marchés

Feira da Ladra Marché aux puces animé, sur le Campo Santa Clara. (p. 91)

LX Market Brocante de la LX Factory très courue le dimanche (alimentaire, meubles, fripes). (photo ; p. 141)

Mercado da Ribeira *Time Out* a créé un espace de restauration haut de gamme dans cette halle de marché de 1882 en bord de fleuve. (p. 45)

Mode et accessoires

Kolovrat La boutique phare de Lidija Kolovrat, aux audacieuses créations. (p. 53)

Embaixada Articles de créateurs locaux dans un palais grandiose du XIXe siècle. (p. 53)

Loja do Burel Des articles colorés et élégants en laine des montagnes portugaises. (p. 50)

House of Eleh L'un des plus anciens créateurs de chaussures pour femme au monde. (p. 129)

Art et design

Verso Branco Œuvres d'art, créations artisanales et meubles portugais modernes. (p. 141)

Pau-Brasil Marques et créations brésiliennes dans le Palacete Castilho, édifice du XVIIIe siècle. (p. 53)

Articles vintage

Outra Face da Lua Pour dénicher une chemise des années 1980 ou une robe de bal rétro. (p. 59)

El Dorado Style et fantaisie sont à l'honneur dans cette pépite du Bairro Alto. (p. 51)

Alimentation et vin

Conserveira de Lisboa Une boutique figée dans les années 1930 vendant quantité de conserves de poisson, emballées dans du papier kraft. (p. 59)

Manuel Tavares Fromage, chocolat, porto et autres délices portugais s'écoulent ici depuis 1860. (p. 59)

Manteigaria Silva Des produits simples ou raffinés, typiquement portugais, dans un magasin issu d'un autre temps. (p. 59)

Garrafeira Nacional Le temple du vin portugais. (p. 68)

Musées et galeries

Si les musées lisboètes ont échappé aux feux des projecteurs, c'est parce que la ville s'est faite discrète sur ses charmes. Pourtant, elle a acquis des chefs-d'œuvre artistiques au fil des siècles. On peut y admirer sans jouer des coudes des sculptures de Rodin ou des œuvres de maîtres hollandais, et découvrir le riche patrimoine culturel et historique portugais dans des musées dédiés au fado ou aux azulejos.

HOLGER LEUE/GETTY IMAGES ©

Art ancien et arts décoratifs

Museu Calouste Gulbenkian Des objets égyptiens, des tableaux de Rubens et des bijoux de Lalique font partie des trésors de ce musée. (p. 120)

Museu Nacional de Arte Antiga Ce musée d'Art ancien recèle les originaux de Dürer, des calices sertis de bijoux et des paravents japonais. (p. 132)

Museu de Artes Decorativas Porcelaine Qing et argenterie française dans un palais du XVIIe siècle. (p. 82)

Casa-Museu Medeiros e Almeida Une collection privée méconnue, dans une demeure Art nouveau. (p. 124)

Art moderne et contemporain

Museu Coleção Berardo Les œuvres pop art de Warhol et les merveilles cubistes de Picasso couronnent cette collection remarquable. (photo ; p. 98)

Museu Calouste Gulbenkian – Coleção Moderna Un musée axé sur l'art moderne (XXe et XXIe siècles), de Hockney à Gormley, en passant par Paula Rego. (p. 124)

Museu Nacional de Arte Contemporânea do Chiado Un ancien couvent superbement aménagé en musée exposant des œuvres de Rodin et Jorge Vieira. (p. 40)

Patrimoine historique

Museu Nacional do Azulejo 500 ans d'histoire de l'azulejo. (p. 92)

Museu Nacional dos Coches Des carrosses de contes de fées dans les anciennes écuries royales. (p. 103)

Museu de Marinha Pour faire le tour de l'âge des grandes découvertes. (p. 105)

Museu do Oriente Sur les premiers pas du Portugal en Asie. (p. 137)

Museu do Fado Un musée sur l'histoire de ce genre musical populaire. (p. 83)

Azulejos

Avec ou sans motifs, décoratifs ou utilitaires, bleu et blanc ou multicolores, les azulejos habillent les façades dans toute la ville. Introduits au Portugal par les Maures au XVe *siècle, ces carreaux de faïence émaillée doivent leur nom au mot arabe* zellij *(pierre polie). Omniprésents à Lisbonne, ils apportent une touche artistique au quotidien.*

MATT MUNRO/LONELY PLANET ©

Art souterrain

Pas besoin d'aller bien loin pour admirer certains des plus beaux azulejos de Lisbonne. En 1957, l'artiste Maria Keil a décoré 19 stations de métro de motifs géométriques et abstraits. Aujourd'hui, pour le prix d'un ticket, on peut admirer des azulejos un peu partout : animaux à l'arrêt Jardim Zoológico, oranges juteuses de Sá Nogueira à l'arrêt Laranjeiras (orangers), composition sur l'âge des grandes découvertes à la station Parque à la thématique maritime, philosophes et hiboux à Cidade Universitária, lapin blanc d'*Alice au pays des merveilles* au Cais do Sodré ou encore le poète Fernando Pessoa à Alto dos Moinhos. Les plus beaux azulejos se trouvent à la Gare do Oriente.

Églises décorées

Igreja et Museu São Roque De somptueuses majoliques en pointe de diamant embellissent cette église d'apparence ordinaire. (p. 40)

Mosteiro de São Vicente de Fora Les fables de La Fontaine en azulejos et un cloître orné de superbes panneaux. (p. 83)

Azulejos décoratifs

Museu Nacional do Azulejo Une ode à la beauté des azulejos, à travers les époques et sous toutes leurs formes. (p. 92)

Palácio Nacional de Sintra Ce palais féerique réunit des azulejos de presque toutes les époques. (p. 142)

Fabricants

Fábrica Sant'Ana Les azulejos sont fabriqués et peints à la main selon des techniques ancestrales depuis 1741. (p. 51)

Cortiço & Netos Dans ce commerce familial, les carreaux industriels sont élevés au rang d'œuvres d'art. (p. 90)

Points de vue

SAM74100/GETTY IMAGES ©

Lisbonne s'étage sur sept collines offrant un panorama différent pour chaque jour de la semaine. Vous risquez fort de maudire cette ville si vallonnée en grimpant la énième calçada (rue) pavée, mais reprenez courage : chacune d'elles mène à un superbe miradouro *(belvédère) ménageant des points de vue à couper le souffle.*

Bairro Alto

Miradouro de São Pedro de Alcântara Ce belvédère arboré offre une vue dégagée sur le château et le Tage. (p. 40)

Miradouro de Santa Catarina Tous apprécient la vue sur le Tage depuis Santa Catarina, surtout au coucher du soleil. (p. 40)

Alfama et Graça

Largo das Portas do Sol Contemplez les toits rouges de l'Alfama, les édifices religieux et le Tage. (p. 79)

Miradouro de Santa Luzia Cette terrasse ornée d'azulejos et de bougainvillées surplombe l'Alfama. (p. 79)

Miradouro da Senhora do Monte À l'ombre des pins, le plus haut belvédère de Lisbonne offre un splendide panorama sur le château. (p. 79)

Miradouro da Graça Un lieu de rendez-vous prisé au coucher du soleil pour sa vue imprenable sur la ville. (photo ; p. 79)

Bars avec vue

Park Incontournable pour siroter un gin tonic au soleil couchant. (p. 45)

Memmo Alfama Le spectacle des toits de l'Alfama. (p. 87)

TOPO Martim Moniz Lounge branché et alternatif avec vue sur le château. (p. 66)

Noobai Café Une terrasse idéale au coucher du soleil, offrant un splendide point de vue. (p. 47)

Sky Bar De l'élégante terrasse du Tivoli, Lisbonne apparaît comme par magie devant vous. (p. 128)

Bon à savoir

- La plupart des *miradouros* disposent de buvettes servant de quoi grignoter et se prélasser devant le panorama.
- Le soir, quand les lumières de la ville scintillent, le cadre est tout aussi beau, voire plus.

Plein air

Si Lisbonne ne semble pas d'emblée être une ville verdoyante, elle compte pourtant, pour peu qu'on sache où chercher, de beaux parcs, des jardins botaniques luxuriants et des praças (places) dotées de fontaines propices à la détente. L'été, pour profiter de la brise rafraîchissante de l'Atlantique, baladez-vous à pied ou à vélo le long du Tage où se dressent aussi des monuments emblématiques de la ville.

SONIA BONET/SHUTTERSTOCK ©

En bord de mer

À Lisbonne la plage n'est jamais loin. De la gare du Cais do Sodré, un train vous conduira en 40 minutes à Cascais où vous pourrez vous baigner dans l'Atlantique et savourer des glaces et du poisson frais. Jetez votre dévolu sur l'une des plages ou longez la côte à vélo (disponible gratuitement à la gare) jusqu'aux villas d'Estoril, une station balnéaire huppée née au XIXe siècle. À 9 km au nord-ouest de Cascais, les déferlantes sur la Praia do Guincho attirent les surfeurs, les kitesurfeurs et les véliplanchistes.

Parcs et promenades

Jardim da Estrela Palmiers, pins et araucarias et de quoi amuser les enfants. (p. 136)

Parque Eduardo VII Les pelouses en pente douce de ce parc offrent une vue sur la ville jusqu'au Tage. (p. 124)

Ribeira das Naus Cette magnifique promenade longe les berges rénovées du fleuve. (p. 61)

Jardins botaniques

Jardim Garcia de Orta Végétation exotique, du dragonnier au frangipanier, au bord du Tage. (p. 115)

Jardim Botânico Géraniums de Madère, jacarandas et figuier géant poussent dans ce coin de verdure au nord du Bairro Alto. (photo ; p. 125)

Estufas Trois serres où découvrir des camélias, des caféiers ou des manguiers. (p. 124)

Places

Praça do Comércio Tout près du Tage, cette place monumentale représente le Lisbonne des cartes postales. (p. 56)

Rossio Pavés aux motifs ondoyant comme des vagues, fontaines, cafés et animation en continu. (p. 61)

Jardim do Príncipe Real Un immense cèdre du Mexique procure tel un parasol géant de l'ombre à cette place avec aire de jeux et buvette. (p. 53)

Pâtisseries et cafés

Il suffit de pousser la porte d'une pastelaria (pâtisserie) pour succomber. Craquerez-vous pour les pastéis de nata, ces petits flans dorés à la pâte feuilletée, pour le cadre somptueux de stucs et d'ors des cafés d'un autre âge ou pour ces boulangeries d'un nouveau genre écoulant des pâtisseries d'ailleurs, comme ces cupcakes (presque) trop beaux pour être mangés ?

MATT MUNRO/LONELY PLANET ©

Pâtisseries à l'ancienne

Antiga Confeitaria de Belém Les meilleurs *pastéis de nata* de Lisbonne depuis 1837. (p. 105)

Versailles Une belle pâtisserie des années 1930 où l'on vient se régaler de gâteaux à la crème et de cancans. (p. 126)

Confeitaria Nacional Une institution au cœur de la Baixa. (photo ; p. 59)

Douceurs

Bettina & Niccolò Corallo Des chocolats divins confectionnés par une famille originaire de São Tomé-et-Príncipe. (p. 53)

Fábrica das Verdadeiras Queijadas da Sapa Réputée depuis 1756 pour ses *queijadas* au fromage blanc, à avaler d'une seule bouchée. (p. 143)

Landeau Son gâteau au chocolat est à se damner. (p. 48)

Manteigaria Dans cette ancienne usine de beurre, on sert de délicieux *pastéis de nata*. (p. 48)

Kasutera Renaissance d'un gâteau éponge du XVIe siècle importé au Japon par les explorateurs portugais. (p. 48)

Cafés avec vue

Lost In Déco indienne et vue imprenable sur le château pour ce café bien caché aux couleurs vives. (p. 42)

Le Chat Jolie vue sur les docks d'Alcântara à travers les baies vitrées. (p. 140)

Noobai Café Ce café de Santa Catarina possède une terrasse discrète d'où l'on peut observer la ville s'illuminer un cocktail à la main. (p. 47)

Cafés relax

Pois Café Un café bohème et décontracté pour déguster des salades et des sandwichs originaux. (p. 84)

Esplanada À l'ombre d'un cèdre géant, on regarde les passants au son du chant des oiseaux. (p. 53)

Fábulas Un café féerique servant une cuisine légère dans une ambiance détendue. (p. 42)

Lisbonne avec des enfants

Occuper vos bambins à Lisbonne sera facile. Même le quotidien peut être source d'émerveillement : pastéis de nata *au petit-déjeuner, trajet brinquebalant en vieux tramway, funiculaires atypiques. Et puis, il y a le château, tout droit sorti d'un livre de contes, l'épopée des grands navigateurs à Belém, les parcs au bord du Tage et les plages à proximité. Un vrai paradis urbain pour les enfants.*

MIKADUN/SHUTTERSTOCK ©

Sorties en famille

Il existe à Lisbonne des tarifs spécifiques intéressants. Les moins de 12 ans ou de 14 ans ont accès gratuitement à nombre de musées et de sites ou à demi-tarif jusqu'à 18 ans. La plupart des hôtels installeront un lit bébé dans votre chambre sans supplément. Certes, les pavés compliquent les déplacements en poussette, mais les transports, gratuits pour les moins de 4 ans, permettent de circuler facilement. Les enfants sont les bienvenus dans la majorité des restaurants qui proposent des demi-portions (*meia dose*).

Distractions

Oceanário Requins et drôles de poissons peuplent cet impressionnant aquarium. (photo ; p. 112)

Pavilhão do Conhecimento La physique devient amusante dans cette cité des sciences interactive. (p. 115)

Castelo de São Jorge Un château fort ourlé de remparts à l'histoire étonnante. (p. 76)

Musées

Museu de Marinha Les enfants embarquent pour leur propre voyage de découvertes dans ce musée rempli de bateaux. (p. 105)

Museu Nacional dos Coches Pour voir des carrosses royaux dignes de Cendrillon. (p. 103)

Museu da Marioneta Des marionnettes du monde entier dans ce qui ressemble à l'atelier de Geppetto. (p. 136)

Parcs et jardins

Jardim Botânico Tropical Venez vous rafraîchir en famille sous les banians géants du jardin botanique de Belém. (p. 104)

Jardins d'Água Les occasions de s'amuser ne manquent pas dans ces jardins aquatiques du Parque das Nações. (p. 115)

Jardim da Estrela Un parc discret avec ses mares à canards et ses jeux à la thématique animalière. (p. 136)

Visites guidées

SONIA BONET/GETTY IMAGES ©

Découvrez tous les secrets de la ville avec des professionnels. À pied, à vélo ou dans un engin amphibie, les circuits sont majoritairement en anglais. Les prestataires proposant des sorties en français sont indiqués

Culinary Backstreets (☎963 472 188 ; www.culinarybackstreets.com/culinary-walks/lisbon ; circuits 3/6 heures 78/105 €). Célia Pedroso, co-auteure d'*Eat Portugal*, guide ces promenades culinaires à travers la capitale. Pour goûter la *ginjinha* (liqueur de cerise), les *pastéis de nata* (petits flans) et du fromage de brebis artisanal, le tout arrosé de quelques vins locaux.

Taste of Lisboa (☎915 601 908 ; www.tasteoflisboa.com ; expériences 70-85 €). Filipa Valente, personnalité rayonnante passionnée de gastronomie, est spécialisée dans les explorations culinaires de quartiers peu touristiques comme Campo de Ourique ou la Mouraria.

Lisbon Your Way (www.lisbonyourway.com ; groupe +de 6 personnes). "Le Meilleur de Lisbonne" permet de découvrir l'essentiel de la ville. En français.

Lisbon Walker (☎218 861 840 ; www.lisbonwalker.com ; Rua do Jardim do Tabaco 126 ; promenade 3 heures adulte/enfant 15 €/gratuit ; ⏲10h). Cette excellente agence propose des promenades guidées à thème à travers la capitale, en anglais ou des circuits privés en français.

Lisbon Cycle Tours (☎914 173 432 ; www.lisboncycletours.com ; à partir de 29 €/pers). Bravez les sept collines de Lisbonne à vélo électrique et laissez-vous guider par des cyclistes expérimentés à travers les vieux quartiers de l'Alfama et de la Mouraria. Une excellente occasion de rencontrer des habitants, de passer par de magnifiques points de vue et de goûter quelques douceurs portugaises.

Lisbon Bike Tour (☎912 272 300 ; www.lisbonbiketour.com ; adulte/enfant 32,50/15 € ; ⏲9h30-13h). L'itinéraire, uniquement en descente, de cette balade à vélo de 3 heures 30 va de Marquês de Pombal à Belém.

Underdogs Public Art Store (www.under-dogs.net ; Rua da Cintura do Porto de Lisboa, Armazém A ; circuits à partir de 35 € ; ⏲11h-19h mar-dim). Les meilleurs circuits d'art urbain, centrés sur le centre-ville, le Grand Lisbonne ou l'œuvre de Vhils, l'artiste à l'origine du projet Underdogs.

We Hate Tourism Tours (☎913 776 598 ; www.wehatetourismtours.com ; Rua Rodrigues de Faria 103, 4e ét, LX Factory ; à partir de 30 €/pers ; ⏲14h-18h). Offre une vision unique de la capitale depuis un UMM à toit ouvert (jeep portugaise jadis utilisée par l'armée).

HIPPOtrip (☎211 922 030 ; www.hippotrip.com ; Doca de Santo Amaro ; adulte/enfant 25/15 € ; ⏲9h-18h). Pour explorer la ville sur terre et sur l'eau à bord d'un véhicule amphibie plongeant dans le Tage. Un circuit amusant de 1 heure 30.

Lisbonne gay et lesbien

L'animation se concentre dans le quartier branché de Príncipe Real autour des bars de la communauté bear et dans les établissements plus divers des environs du "coin gay", à l'angle de la Rua da Barroca et de la Travessa da Espera dans le Bairro Alto, où l'atmosphère festive s'étend jusque dans la rue. Les principaux événements sont la Lisbon Pride (www.portugalpride.org) en juin et le Festival Internacional de Cinema Queer (www.queerlisboa.pt) fin septembre.

RFRANCA/GETTY IMAGES ©

Bars et clubs

WoofLX (www.facebook.com/wooflx ; Rua da Palmeira 44A ; 22h-4h). Bar de la communauté *bear* de Príncipe Real, fréquenté par une clientèle variée.

Corvo (www.corvoprincipereal.pt ; Calçada Miguel Pais 18 ; 16h-2h mar-jeu, 16h-3h ven-sam). Nouvel établissement hipster dans Príncipe Real.

Bar TR3S (www.areismarcos.wix.com/tr3slisboa ; Rua Rubén A. Leitão 2 ; 16h-2h dim-jeu, 16h-3h ven-sam). Les membres de la communauté *bear* affluent dans ce bar trépidant avec tables en extérieur.

Shelter Bar (www.facebook.com/shelterbarlisboa ; Rua da Palmeira 43A ; 18h-2h dim-jeu, 18h-3h ven-sam). Réputé pour sa bière artisanale, ses en-cas italiens et son happy hour.

Clube da Esquina (www.facebook.com/clubedaesquina.bairroalto ; Rua da Barroca 30 ; 19h-2h lun-jeu, 19h-3h ven-sam, 21h-2h dim ;). L'épicentre du "coin gay", dans le Bairro Alto.

Posh (www.facebook.com/poshclublisbon ; Rua de São Bento 157 ; minuit-6h sam). Un nouveau club avec têtes d'affiche, drag-queens et musique électro.

Construction (213 430 040 ; www.facebook.com/construction.lisbon ; Rua Cecílio de Sousa 84 ; minuit-6h ven-sam). Excellent club fréquenté par des trentenaires, avec musicque house à fond et *backroom*.

Finalmente (213 479 923 ; www.finalmenteclub.com ; Rua da Palmeira 38 ; minuit-6h). Une discothèque populaire toujours bondée, avec petite piste de danse et spectacle de drag-queens chaque soir.

Purex (www.facebook.com/purexclub ; Rua das Salgadeiras 28 ; 22h-2h mar-jeu, 22h-3h ven-sam). Ce club sans enseigne du Bairro Alto attire une clientèle lesbienne et mixte.

Trumps (915 938 266 ; www.trumps.pt ; Rua da Imprensa Nacional 104B ; minuit-5h jeu, minuit-6h ven-sam). Le plus chaud des clubs gays fréquentés par une clientèle jeune.

Lisbonne en 4 jours

1er jour

YATO KENSHIN/SHUTTERSTOCK ©

Commencez par une balade à bord du **tramway n° 28** (photo ; p. 72) au départ de la Praça do Comércio. Descendez pour parcourir les remparts du **Castelo de São Jorge** (p. 76), puis prenez un en-cas et un verre de vin au **Wine Bar do Castelo** (p. 89). Flânez ensuite dans les ruelles de l'Alfama et prenez un café avec vue au café **Largo das Portas do Sol** (p. 79). Quant au **Museu do Fado** (p. 83), il vous fera découvrir les accords mélancoliques de la ville.

L'après-midi, visitez la **Sé de Lisboa** (cathédrale ; p. 83), avant de vous adonner au shopping dans les rues piétonnes de la Baixa. Depuis le sommet de l'**Arco da Rua Augusta** (p. 57), on jouit d'une superbe vue sur Lisbonne.

Le soir, retour à l'Alfama pour écouter du fado à la lueur des lanternes à la **Mesa de Frades** (p. 90).

2e jour

MATT MUNRO/LONELY PLANET ©

À Belém, régalez-vous de *pastéis de nata* à l'**Antiga Confeitaria de Belém** (p. 105), avant de visiter les trésors du quartier : le fascinant **Mosteiro dos Jerónimos** (p. 96), la **Torre de Belém** (p. 103) finement sculptée et l'avant-gardiste **Museu Coleção Berardo** (p. 98). L'**Enoteca de Belém** (p. 107) se prête à un déjeuner tardif.

Consacrez l'après-midi aux autres excellents musées du coin, comme le **Museu de Arte, Arquitetura e Tecnologia** (p. 103). Profitez du coucher du soleil autour d'un verre, au bord de l'eau au **A Margem** (p. 108).

Puis, retour au centre-ville pour un délicieux dîner à **100 Maneiras** (p. 45), avant d'explorer la vie nocturne du Bairro Alto. Terminez la nuit au Cais do Sodré ; la **Pensão Amor** (p. 37) est réputée pour son ambiance et ses cocktails.

3e jour

PAUL BERNHARD/GETTY IMAGES ©

Consacrez la matinée au lèche-vitrines et à la tournée des cafés dans le quartier chic du Chiado. Vous trouverez des objets sympas chez **A Vida Portuguesa** (photo ; p. 50) et **Apaixonarte** (p. 51). Après une visite des ruines du **Convento do Carmo** (p. 34), rescapé du séisme de 1755, faites une pause déjeuner au **Bairro de Avillez** (p. 43).

L'après-midi, réservez une promenade guidée à travers la ville ou un circuit consacré à l'art urbain, ou dirigez-vous vers le futuriste Parque das Nações pour emprunter le **Teleférico** (p. 115) et visiter le remarquable **Oceanário** (p. 112).

Pour le dîner, demandez une table avec vue au **Chapitô à Mesa** (p. 86), avant une nuit de danse effrénée sur les rythmes éclectiques du **Lux-Frágil** (p. 87), temple du clubbing.

4e jour

MARK AVELLINO/GETTY IMAGES ©

Le quatrième jour, visitez le **Museu Nacional de Arte Antiga** (p. 132), qui abrite l'une des plus belles collections d'art de la ville. Ensuite, direction le **Museu do Oriente** (p. 137) et ses trésors d'Asie. À la très branchée **LX Factory** (photo ; p. 141), vous pourrez allier déjeuner et achats.

Consacrez l'après-midi à l'exploration de la Baixa : balade sur la **Praça do Comércio** (p. 56), visite souterraine du **Núcleo Arqueológico da Rua dos Correeiros** (p. 61) et leçon d'histoire au **Lisbon Story Centre** (p. 61). Puis régalez-vous de fruits de mer au **Solar dos Presuntos** (p. 66).

Testez la vie nocturne animée du Bairro Alto. Des bars sont réputés pour leurs cocktails, comme **O Bom O Mau e O Vilão** (p. 47) ou le **Park** (p. 45), perché sur un toit.

Les basiques

Pour plus de renseignements, consultez le *Carnet pratique* (P. 147)

Monnaie
Euro (€)

Langue
Portugais

Formalités
Une carte d'identité suffit pour les ressortissants de l'espace Schengen. Exemption de visa pour les Canadiens séjournant moins de trois mois.

Argent
Les DAB sont nombreux et les cartes bancaires couramment acceptées, mais certains petits commerçants privilégient les espèces.

Portables
Les téléphones européens sont compatibles. Les Canadiens vérifieront auprès de leur opérateur. Achetez une carte SIM locale pour éviter les frais d'itinérance.

Heure locale
Lisbonne est à l'heure GMT (moins une heure par rapport à la France).

Pourboire
Dans les restaurants, si vous êtes satisfait du service, vous pouvez laisser de 5 à 10% de la note.

Budget quotidien

Moins de 65 €

Lit en dortoir 18-35 €

Formule au restaurant : 7-10 €

Lisboa Card incluant transports illimités et réductions sur les visites : 19 €

De 65 à 160 €

Chambre double dans un hôtel du centre 60-120 €

Repas dans un restaurant de catégorie moyenne 20-30 €

Visite guidée à pied ou à vélo de la ville 15-35 €

Plus de 160 €

Hôtel de charme à partir de 120 €

Dîner entrée/plat/dessert/vin à partir de 50 €

Soirée dans un club de fado 50 €

Sites Internet

Lonely Planet (www.lonelyplanet.fr). Renseignements, forum de voyageurs, etc.

Visit Lisboa (www.visitlisboa.com). Le site très complet de l'office du tourisme.

Lisbon Lux (www.lisbonlux.com). Un guide de la ville à la page.

Spotted by Locals (www.spottedbylocals.com/lisbon ; en anglais). Conseils d'habitants.

À prévoir

Un mois avant Réservez vos excursions, vos dîners dans des restaurants haut de gamme et vos billets de théâtre et d'opéra.

Deux semaines avant Réservez vos billets de concerts et une soirée fado.

Quelques jours avant Renseignez-vous en ligne sur l'agenda des manifestations et initiez-vous aux vins portugais sur www.viniportugal.pt.

Arriver à Lisbonne

L'aéroport de Lisbonne (www.ana.pt) se situe à 8 km au nord-est de la ville.

Depuis l'aéroport de Lisbonne

Le centre-ville est facilement accessible en métro depuis la station Aeroporto ; il suffit de changer à Alameda (ligne verte) pour rejoindre le Rossio et la Baixa. Pour gagner le centre-ville en taxi, comptez 15 minutes et environ 16 € (plus 1,60 € pour les bagages). Vous pouvez acheter une carte de taxi prépayée pour n'importe quelle destination auprès d'Ask Me Lisboa dans le hall des arrivées. Les véhicules Uber et autres véhicules avec chauffeur prennent leurs passagers devant le hall des départs (et non des arrivées) ; ils sont beaucoup moins chers. Vous pouvez aussi emprunter l'Aerobus, qui part devant le hall des arrivées (adulte/enfant 3,60/2 €, 25-35 min, toutes les 20 min environ de 7h-23h).

Comment circuler

Le réseau de transports publics de Lisbonne est fonctionnel et bon marché, bien qu'un peu confus. Horaires, lignes et tarifs sur www.carris.pt et www.metrolisboa.pt.

Métro

Le métro, qui fonctionne de 6h30 à 1h, est le moyen de transport le plus rapide. Le billet coûte 1,45 €.

Tramway

Le meilleur moyen de gagner les hauteurs (Alfama, Castelo, Graça) et les quartiers ouest (Estrela, Campo de Ourique). Il circule de 5-6h à 22-23h.

Bus

Particulièrement pratique pour se rendre à Príncipe Real, mais le réseau de bus couvre l'ensemble de la ville. Les bus circulent de 5-6h à environ 22-23h.

Les quartiers de Lisbonne

Marquês de Pombal, Rato et Saldanha (p. 119)

Des musées remarquables, de magnifiques jardins et d'excellents restaurants vous attendent dans ces quartiers moins connus du nord de la ville.

Belém (p. 95)

Marqué par la proximité du fleuve, Belém renferme des édifices manuélins, un monastère classé au patrimoine de l'Unesco et une splendide collection d'art contemporain.

Estrela, Lapa et Alcântara (p. 131)

Un superbe musée d'art ancien, des rues ombragées au charme discret et une vie nocturne animée au bord de l'eau font le charme de ces quartiers.

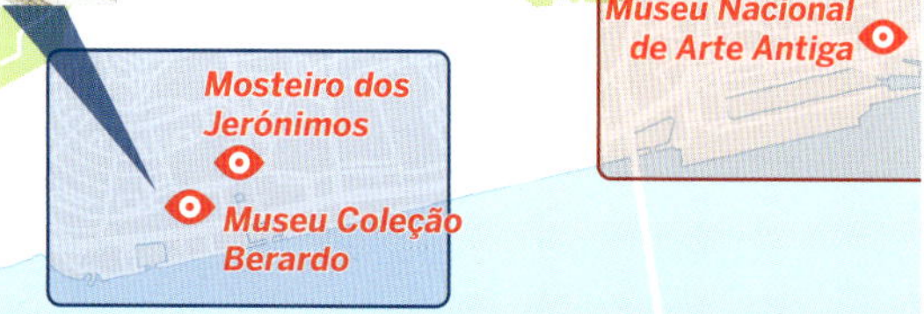

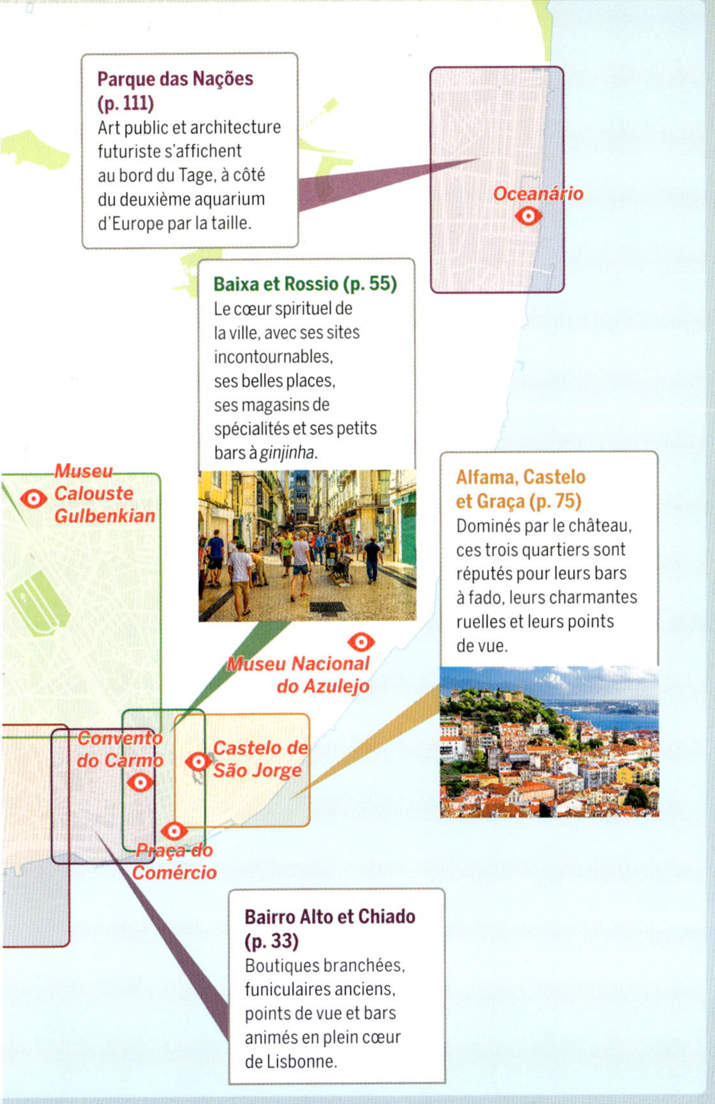

Parque das Nações (p. 111)
Art public et architecture futuriste s'affichent au bord du Tage, à côté du deuxième aquarium d'Europe par la taille.

Baixa et Rossio (p. 55)
Le cœur spirituel de la ville, avec ses sites incontournables, ses belles places, ses magasins de spécialités et ses petits bars à *ginjinha*.

Alfama, Castelo et Graça (p. 75)
Dominés par le château, ces trois quartiers sont réputés pour leurs bars à fado, leurs charmantes ruelles et leurs points de vue.

Bairro Alto et Chiado (p. 33)
Boutiques branchées, funiculaires anciens, points de vue et bars animés en plein cœur de Lisbonne.

ATELIER MAQUETAS

Explorer Lisbonne

Vaut le détour

Promenade à pied

PAVEL ARZHAKOV/SHUTTERSTOCK ©

Explorer

Bairro Alto et Chiado

Deux quartiers, deux personnalités très différentes. Le Chiado invite à papillonner entre ses boutiques, ses musées et ses cafés littéraires. Le Bairro Alto, son voisin plus désinvolte et fêtard, aligne dans son lacis de ruelles des dizaines d'échoppes rétro-chic, de petits restaurants ouverts tard et de minuscules bars. Au sud, l'ancien quartier chaud du Cais do Sodré est devenu le QG des noctambules.

Comment s'y rendre et circuler

M Ligne verte ou bleue jusqu'à Baixa-Chiado ; la verte dessert le Cais do Sodré.

Ligne 15 ou 18 jusqu'au Cais do Sodré et ligne 25 jusqu'à la Rua de São Paulo. Le tram n°28 passe près de Santa Catarina.

Ligne 758 (Cais do Sodré-Benfica) pour l'Ascensor da Glória et Príncipe Real.

Plan du quartier p. 38

Ascensor da Glória (p. 41) KATATONIA82/GETTY IMAGES ©

Les incontournables

Convento do Carmo

Dominant Lisbonne, le couvent des Carmes, fondé en 1389, a été presque entièrement détruit par le tremblement de terre de 1755, laissant le squelette de ses piliers et de ses arches exposé au vent. Le séisme a fait s'écrouler la voûte gothique sur les fidèles. Au XIXe siècle, les ruines romantiques étant en vogue, il n'a jamais été restauré comme prévu, devenant ultérieurement le très intéressant musée archéologique que l'on connaît aujourd'hui.

PLAN P. 38, F4

www.museuarqueologico-docarmo.pt

Largo do Carmo

adulte/enfant 4 €/gratuit

10h-19h lun-sam juin-sept, 10h-18h oct-mai

La nef

La nef, à ciel ouvert, est jalonnée de tombes, de statues, de fonts baptismaux et de blasons évocateurs. Prêtez attention à la loggia Renaissance de Santarém, à la rosace manuéline du Mosteiro dos Jerónimos, à la stèle funéraire juive (VIe siècle) et à la statue baroque de saint Jean Népomucène provenant du vieux pont d'Alcântara.

La chapelle principale

Le musée archéologique débute par la chapelle principale, décorée de trois panneaux d'azulejos de style baroque. Elle renferme la tombe de Nuno Álvares Pereira qui fit construire le couvent en hommage à la victoire portugaise lors de la bataille d'Aljubarrota de 1385, ainsi que la tombe (début du XIVe siècle) de Fernão Sanches où est distinctement représentée une chasse au sanglier.

Trésors précolombiens

Des statues aztèques, des céramiques chimú, des poteries zoomorphes incas et trois momies – une égyptienne en piteux état et deux péruviennes terrifiantes du XVIe siècle – sont exposées dans la salle 4. Les azulejos bleu et blanc décrivent des scènes de la Passion du Christ.

La collection romaine et maure

La salle 2 abrite des bornes romaines, une stèle funéraire, des sarcophages et des objets plus récents comme cette boucle de ceinture wisigothe (VIe siècle). Deux colonnes décorées de griffons et un lion en bas relief figurent parmi les pièces maîtresses maures du Moyen Âge.

Objets préhistoriques

Dans la salle 1, haches paléolithiques, poterie néolithique, objets de tombes mégalithiques et collections du chalcolithique comme ces poids de métier à tisser font remonter le temps.

★ À savoir

- Procurez-vous un plan gratuit à l'entrée.
- C'est du Rossio, en bas, que l'on fait les meilleures photos du haut perché Convento do Carmo.
- La boutique du musée ménage une vue époustouflante sur Lisbonne et le Castelo de São Jorge.
- Des visites guidées gratuites de 30 minutes en portugais ont lieu chaque jour à 12h et 17h.

Une petite faim ?

Reprenez des forces grâce aux pâtisseries, tartines et plats du jour du restaurant **Tartine** (www.tartine.pt ; Rua Serpa Pinto 15 ; plats 4,50-14 € ; 8h-20h lun-ven, 10h-20h sam ;), à quelques minutes de marche.

À l'arrière du couvent, **TOPO Chiado** (Terraços do Carmo ; 12h30-minuit dim-mer, 12h30-2h jeu-sam) sert des cocktails sur une pelouse extérieure avec de magnifiques points de vue.

Promenade à pied

Les bars du Cais do Sodré

Longtemps le repaire de marins en goguette à la recherche de plaisirs, les ruelles autour du Cais do Sodré, près du Tage, ont troqué leurs habits miteux pour plus d'allant. La Rua Nova do Carvalho a été peinte en rose et les prostituées ont dû plier bagage. Restent le dynamisme et la décadence sur lesquels Lisbonne a prospéré, et le quartier continue d'attirer les noctambules.

Itinéraire

Départ Café Tati ; M Cais do Sodré

Arrivée Musicbox ; M Cais do Sodré

Distance et durée 500 m ; 2-3 heures

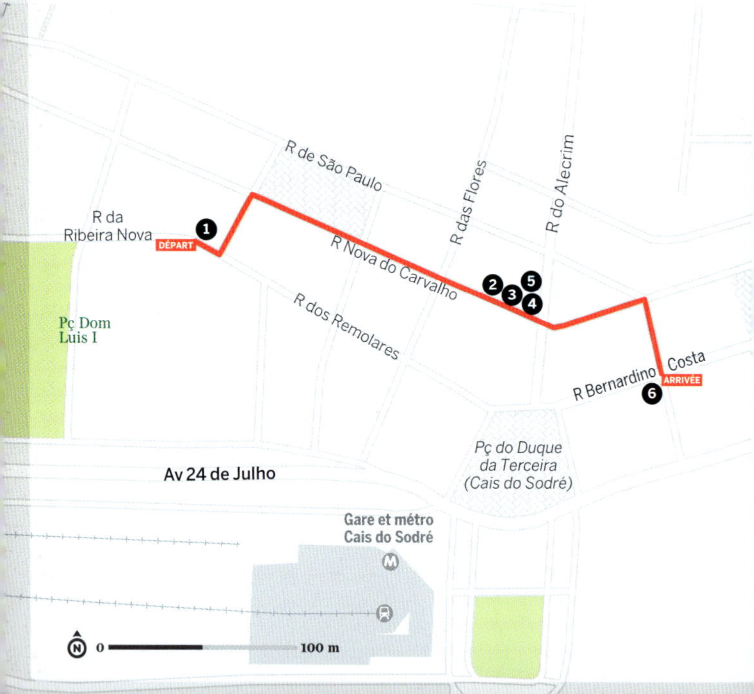

❶ Tati Time

Idéal pour commencer la soirée en douceur, le très branché **Café Tati** (213 461 279 ; www.cafetati.blogspot.com ; Rua da Ribeira Nova 36 ; plats 7-10 € ; 11h-1h mar-dim ;) jouit d'un charme indéniable avec ses lumineuses salles voûtées et ses peintures au pochoir. Les concerts de jazz et les bœufs musicaux attirent une clientèle alternative. Les amateurs de vins naturels y trouvent aussi leur bonheur.

❷ Conserves de poisson

En descendant la Rua Nova do Carvalho, arrêtez-vous dans le petit **Sol e Pesca** (Rua Nova do Carvalho 44 ; conserves 2-16,80 € ; 12h-2h dim-jeu, 12h-3h ven-sam). Les cannes, les hameçons et les filets évoquent l'ancienne boutique de pêche qu'a remplacée ce bar. Les vitrines regorgent de boîtes de sardines, de thon, entre autres poissons, au packaging rétro. À déguster avec du pain, des olives et du vin, en bonne compagnie.

❸ Futures vedettes du fado

Difficile parfois de trouver des clubs de fado (encadré p. 88) authentique, mais **Povo** (213 473 403 ; www.povolisboa.com ; Rua Nova do Carvalho 32 ; petiscos 6,40-14,30 € ; 18h-2h dim-mer, 18h-4h jeu-sam) est de ceux-là. Un *fadista* différent y prend ses quartiers chaque mois. Cette adresse où l'on peut déguster des *petiscos* (amuse-bouche).donne une visibilité à de jeunes chanteurs peu connus.

❹ Concerts sous un pont

Nichée sous les arcades d'un pont, **Musicbox** (www.musicboxlisboa.com ; Rua Nova do Carvalho 24 ; 23h-6h lun-sam) a tout d'une "boîte à musique". C'est de loin l'une des meilleures salles de concerts de Lisbonne. Les billets coûtent rarement plus de 15 € pour des concerts et des soirées éclectiques (jazz, musique indé, rock, hip-hop).

❺ Bordel chic

Rendez-vous au 19 Rua do Alecrím, dans l'allée à hauteur du pont. Si le nom **Pensão Amor** (www.pensaoamor.pt ; 14h-3h dim-mer, 14h-4h jeu-sam) n'en dit pas suffisamment long, les graffitis d'ébats amoureux et les murs rouges s'en chargeront. Cette ancienne maison close reconvertie en galerie d'art se double d'un bar servant des cocktails et des ceviches, d'une librairie de littérature érotique et d'une boutique de lingerie et de vêtements vintage. Concerts, DJ, pièces de théâtre et récitals de poésie y attirent du monde. Préparez-vous à faire la queue le week-end, mais cela en vaut la peine.

❻ Une pinte de Portugal

Loin de la foule et de l'atmosphère décadente du Cais do Sodré, le **Crafty Corner** (www.craftycornerbeer.com ; Tv Corpo Santo 15 ; 16h-2h lun-sam, 16h-23h45 dim ;), offre une ambiance plus détendue. On y sert 12 variétés de bières artisanales portugaises, à déguster sur un canapé en cuir dans un cadre soigné.

A
B
C
D
E
F
1
2
3
4
Jardim do Príncipe Real
PRÍNCIPE REAL
R do Século
R Dom Pedro V
22
Lost In
R das Taipas
R da Glória
Parque Eduardo VII
Av da Liberdade
R dos Condes
R das Portas de Santo Antão
Pç dos Restauradores
Restauradores
R Jardim do Regedor
R Luísa Todi
Miradouro de São Pedro de Alcântara
1
Estação do Rossio (Gare du Rossio)
ROSSIO
R Eduardo Coelho
5
Convento dos Cardaes
26
R da Rosa
Tv de São Pedro
R dos Mouros
17
19
R do Teixeira
R São Pedro de Alcântara
Cç da Glória
7
Ascensor da Glória
Cç do Tijolo
Tv da Cara
Tv da Boa Hora
Tv da Água da Flor
Igreja et Museu São Roque
2
R 1 de Dezembro
Pç Dom Pedro IV (Rossio)
R Academia Ciências
BAIRRO ALTO
R do Grémio Lusitano
Cç do Duque
R do Duque
R da Condessa
R da Oliveira
Cç do Carmo
Lg Trindade Coelho
24
Tv da Queimada
39
32
R Nova da Trindade
R de Áurea
21
R Luz Soriano
29
R da Atalaia
R da Barroca
R do Diário de Notícias
R do Norte
R das Gáveas
R da Misericórdia
11
Convento do Carmo
Lg de Jesus
R do Século
Tv dos Fiéis de Deus
R da Rosa
9
34
31
33
R da Trindade
Lg do Carmo
Baixa-Chiado
R do Carmo
10
Lg Rafael Bordalo Pinheiro
Tv do Carmo
Cç do Sacramento
CHIADO
20
Cç do Combro
The Mill
23
43
41
R das Salgadeiras

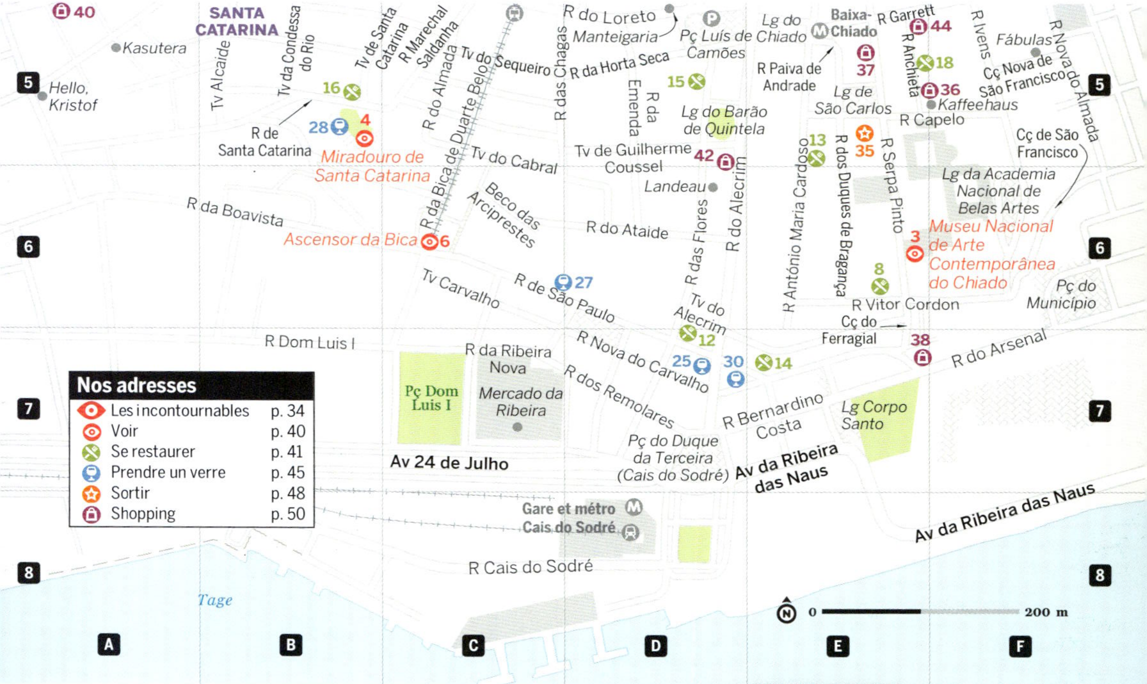

Nos adresses
Les incontournables p. 34
Voir p. 40
Se restaurer p. 41
Prendre un verre p. 45
Sortir p. 48
Shopping p. 50
SANTA CATARINA
Kasutera
Hello, Kristof
Tv Alcaide
Tv da Condessa do Rio
R de Santa Catarina
Miradouro de Santa Catarina
Tv de Santa Catarina
R Marechal Saldanha
R do Almada
R da Bica de Duarte Belo
Tv do Sequeiro
Tv do Cabral
R das Chagas
R do Loreto
Manteigaria
R da Horta Seca
R da Emenda
Pç Luís de Camões
Lg do Barão de Quintela
Tv de Guilherme Coussel
Landeau
R do Alecrim
R das Flores
R do Ataide
Beco das Arciprestes
R da Boavista
Ascensor da Bica
Tv Carvalho
R de São Paulo
Lg do Chiado
Baixa-Chiado
R Garrett
R Paiva de Andrade
Lg de São Carlos
R Anchieta
R Capelo
Kaffeehaus
R Ivens
Fábulas
Cç Nova de São Francisco
R Nova do Almada
Cç de São Francisco
Lg da Academia Nacional de Belas Artes
Museu Nacional de Arte Contemporânea do Chiado
R António Maria Cardoso
R dos Duques de Bragança
R Serpa Pinto
R Vitor Cordon
Cç do Ferragial
Pç do Município
R do Arsenal
R Dom Luis I
Pç Dom Luis I
R da Ribeira Nova
Mercado da Ribeira
Tv do Alecrim
R Nova do Carvalho
R dos Remolares
R Bernardino Costa
Lg Corpo Santo
Pç do Duque da Terceira (Cais do Sodré)
Av da Ribeira das Naus
Av 24 de Julho
Gare et métro Cais do Sodré
R Cais do Sodré
Av da Ribeira das Naus
Tage
0 200 m
A B C D E F
5 6 7 8

Voir

Miradouro de São Pedro de Alcântara

BELVÉDÈRE

1 PLAN P. 38, D2

Empruntez le vieil **Ascensor da Glória** (p. 41) depuis la Praça dos Restauradores, ou grimpez la Calçada da Glória, une rue très escarpée, jusqu'à ce superbe belvédère qui coiffe une colline de Lisbonne. Fontaines et bustes grecs confèrent à l'endroit une allure majestueuse, et le café en plein air sert du vin, de la bière et des en-cas, à savourer en profitant des musiciens et de la vue sur le château. (Rua São Pedro de Alcântara ; belvédère 24h/24, kiosque 10h-minuit dim-mer, 10h-2h jeu-sam)

Igreja & Museu São Roque

ÉGLISE, MUSÉE

2 PLAN P. 38, D3

Derrière une façade ordinaire, cette église jésuite du XVIe siècle renferme un intérieur opulent de dorures, de marbre et d'azulejos florentins, financés par de riches Brésiliens. Ne manquez pas la superbe **Capela de São João Baptista**, une chapelle richement parée d'améthystes, d'albâtres, de lapis-lazuli et de marbre de Carrare. Le **musée** de l'église présente une riche collection d'œuvres religieuses et de reliques. (www.museu-saoroque.com ; Largo Trindade Coelho ; musée adulte/enfant 2,50 €/gratuit, gratuit dim 10h-14h ; 14h-19h lun, 10h-19h mar-mer et ven-dim, 10h-20h jeu, horaires réduits en hiver)

Museu Nacional de Arte Contemporânea do Chiado

MUSÉE

3 PLAN P. 38, E6

L'ancien Convento de São Francisco a été reconverti en musée d'art moderne et contemporain. Les collections permanentes rassemblent des œuvres des XIXe et XXe siècle (notamment de Rodin, Jorge Vieira et José de Almada Negreiros) ; il faut traverser les expositions temporaires pour y accéder. (MNAC ; www.museuartecontemporanea.pt ; Rua Serpa Pinto 4 ; adulte/enfant 4,50 €/gratuit ; 10h-18h mar-dim)

Miradouro de Santa Catarina

BELVÉDÈRE

4 PLAN P. 38, B5

Étudiants jouant de la guitare, couples et familles se retrouvent sur ce belvédère du quartier bohème de Santa Catarina. La fantastique vue plongeante s'étend du fleuve au pont du 25-Avril et au Cristo Rei. (Rua de Santa Catarina ; 24h/24)

Convento dos Cardaes

COUVENT

5 PLAN P. 38, B2

La façade blanche, discrète et ornée de quelques graffitis de ce couvent massif du XVIIe siècle offre un contraste frappant avec les azulejos et les dorures que renferme l'église. C'est l'un des rares édifices restés intacts après le séisme de 1755 et l'un des rares témoins du style baroque portugais à Lisbonne. La visite guidée dure environ une heure. (www.conventodoscardaes.com ; Rua do Século 123 ; tarif plein/étudiant/enfant 5/4 €/gratuit ; 14h30-17h30 lun-sam)

Ascensor da Bica FUNICULAIRE

6 PLAN P. 38, C6

S'élevant en grinçant le long de l'étroite et raide Rua da Bica de Duarte Belo depuis 1892, ce funiculaire permet d'économiser ses forces et d'apercevoir fugitivement le Tage et les maisons aux façades pastel. (www.carris.pt/pt/ascensores-e-elevador ; Rua de São Paulo ; aller-retour 3,70 € ; 7h-21h lun-sam, 9h-21h dim)

Ascensor da Glória FUNICULAIRE

7 PLAN P. 38, D2

Le deuxième plus ancien funiculaire de Lisbonne fait la navette entre la Praça dos Restauradores et la Rua São Pedro de Alcântara depuis 1885. Une vue époustouflante vous attend au sommet. (www.carris.pt/pt/ascensores-e-elevador ; Calçada da Glória ; aller-retour 3,70 € ; 7h15-23h55 lun-jeu, 7h15-0h25 ven, 8h45-0h25 sam, 9h15-23h55 dim)

Se restaurer

Ao 26 – Vegan Food Project VÉGAN €

8 PLAN P. 38, E6

Ce petit restaurant végan est si bon qu'il attire les carnivores les plus convaincus. Branché et animé, il affiche sur son ardoise deux plats du jour, chaque fois différents mais toujours sophistiqués (boulettes de tomates, noix de coco et masala, par exemple). Quant à la carte,

Igreja de São Roque

La culture des cafés

Le Bairro Alto et le Chiado comptent plusieurs cafés bohèmes où laisser filer l'après-midi ou la soirée. Au très décontracté **Fábulas** (plan p. 38, F5 ; www.fabulas.pt ; Calçada Nova de São Francisco 14 ; plats 11-17 € ; 12h30-minuit dim-lun et mer-jeu, 12h30-0h30 ven-sam ;), les murs en pierre apparente, les recoins cosy et les bougies rappellent l'atmosphère des *fábulas* (fables). Le **Kaffeehaus** (plan p. 38, F5 ; www.kaffeehaus-lisboa.com ; Rua Anchieta 3 ; plats 5-15 €, brunch dim 9-14 € ; 12h-minuit mar-sam, 12h-20h dim) est un lieu élégant et pittoresque servant des cafés et des spécialités autrichiennes. Pour prendre un verre et grignoter en jouissant d'une vue imprenable, cap sur la terrasse à la décoration indienne chic du **Lost In** (plan p. 38, C1 ; www.facebook.com/lostin.esplanada ; Rua Dom Pedro V 56 ; 16h-minuit lun, 12h30-minuit mar-sam), à l'ombre de parasols colorés.

Si vous recherchez des expressos ou cafés filtres de haute volée, tournez-vous vers les cafés de la "troisième vague", attentifs à l'origine et au processus de fabrication de leurs breuvages. Parmi eux, **Hello, Kristof** (plan p. 38, A5 ; www.hellokristof.com ; Rua do Poço dos Negros 103 ; 9h-18h lun-ven), d'inspiration scandinave, et l'australo-portugais **The Mill** (plan p. 38, A4 ; www.themill.pt ; Rua do Poço dos Negros 1 ; 8h-18h lun-ven, 9h-17h sam-dim ;).

elle comporte de généreux burgers aux lentilles ou à la betterave, des sandwichs au *bolo do caco* (pain rond cuit sur une plaque de basalte) et des bières artisanales lisboètes. (967 989 184 ; www.facebook.com/ao26veganfoodproject ; Rua Vítor Cordon 26 ; plats 5,50-7,50 € ; 12h30-18h30 et 19h30-23h mar-sam ;)

Tantura

ISRAÉLIEN €

9 PLAN P. 38, D4

Cette pépite venue du Moyen-Orient est née d'une histoire d'amour : Elad Bodenstein et Itamar Eliyahuo, un couple d'Israéliens, sont tombés amoureux du Portugal pendant leur voyage de noces et ont constaté que Lisbonne manquait cruellement de houmous. Aujourd'hui, leur carte comporte une grande variété de houmous et de chakchoukas, parfois agrémentés de touches roumaines, polonaises, irakiennes ou tunisiennes. Service très agréable. (218 096 035 ; www.tantura.pt ; Rua de Trombeta 1D ; plats 3,50-11,90 € ; 18h30-minuit mar-dim ;)

Boa-Bao

ASIATIQUE €€

10 PLAN P. 38, E4

Dans ce nouveau restaurant tendance, le contenu de votre assiette vous emmènera au Laos, au Cambodge, en Malaisie et au Vietnam, mais les hirondelles en céramique parsemant les voûtes en briques nues (œuvre de l'emblématique artiste portugais de Rafael Bordalo Pinheiro) vous rappelleront que vous êtes au Portugal. (☎919 023 030 ; www.boabao.pt ; Largo Rafael Bordalo Pinheiro 30 ; petites assiettes 6,50-9 €, plats 12-18 € ; 🕒12h-23h30 dim-mer, 12h-0h30 jeu-sam ; 📶)

Bairro de Avillez PORTUGAIS €€

11 🍴 PLAN P. 38, E4

Pénétrez dans le tout dernier rêve culinaire du plus célèbre chef portugais, José Avillez (étoilé Michelin), qui a conçu un "quartier" composé de plusieurs lieux de restauration, de la taverne traditionnelle au cabaret gastronomique avant-gardiste. (☎215 830 290 ; www.joseavillez.pt/en/bairro-do-avillez ; Rua Nova da Trindade 18 ; petites assiettes 2-16,50 €, plats 7-18,50 € ; 🕒12h-minuit ; 📶)

Vicente by Carnalentejana PORTUGAIS €€

12 🍴 PLAN P. 38, D7

Ce séduisant restaurant met à l'honneur la viande de bœuf et de porc. Les plats, succulents, ont comme ingrédient principal la *carne alentejana*, c'est-à-dire l'excellente viande de l'Alentejo, à l'appellation d'origine protégée. Les vins, fromages et huiles d'olive proviennent des mêmes petits producteurs. Les murs en pierre bas, les conduites d'air apparentes et les ampoules nues donnent un charme particulier à cet ancien magasin de charbon reconverti en antre pour carnivores. (☎218 237 126 ; www.carnalentejana.pt/restaurantes ; Rua das Flores 6 ; plats 10,50-16,90 € ; 🕒12h30-15h et 19h30-23h30 ; 📶)

Mini Bar FUSION €€

13 🍴 PLAN P. 38, E5

À la fois branché et plaisant, ce lieu est le plus accessible des restaurants de José Avillez, un chef étoilé qui en possède plusieurs dans les environs. Dans ce bar gastronomique au décor de théâtre, on vient dîner, faire la fête et goûter à d'exceptionnelles boissons artisanales en dégustant des *petiscos* maison. (☎211 305 393 ; www.minibar.pt ; Rua António Maria Cardoso 58 ; petites assiettes 2,80-14,50 €, menus dégustation 45-55 € ; 🕒19h-2h ; 📶)

Casa de Pasto PORTUGAIS €€

14 🍴 PLAN P. 38, E7

Derrière une façade ordinaire, à l'étage, se cache un surprenant bric-à-brac de "trésors" portugais du XIXe siècle (lampes de chevet en coquillages, trophées de chasse en céramique, miroirs clinquants). Diogo Noronha, l'un des chefs les plus prometteurs de Lisbonne formé au célèbre restaurant Per Se à New York, réalise des prouesses avec son four à bois. Cuisse de canard, moules grillées, poulpe : tout est parfait. (☎963 739 979 ; www.casadepasto.com ; Rua do São Paulo 20, 1er ét. ; plats 14-30 € ; 🕒12h30-15h et 20h-23h lun-mer, 12h30-15h et 20h-minuit jeu-sam ; 📶)

Taberna da Rua das Flores

PORTUGAIS €€

15 PLAN P. 38, D5

Certes, il faut faire abstraction du caractère bourru du propriétaire, mais cette toute petite taverne à l'ancienne affiche chaque jour sur son ardoise un menu différent, composé de petites assiettes inventives préparées à base de produits frais et locaux, et toujours délicieuses. (213 479 418 ; Rua das Flores 103 ; petites assiettes 2,50-15 € ; 12h-minuit lun-ven, 18h-minuit sam)

Pharmacia

MÉDITERRANÉEN €€

16 PLAN P. 38, B5

Ce restaurant délicieusement atypique se trouve dans les locaux du musée de la Pharmacie. La chef Susana Felicidade (formée par sa grand-mère algarvienne) propose des menus dégustation et des tapas aux saveurs du marché et de Méditerranée. Les amuse-bouche dans des éprouvettes et les vitrines croulant sous les bouteilles et les flacons concourent au clin d'œil pharmaceutique. La terrasse est idéale pour déguster un cocktail. (213 462 146 ; www.chef-felicidade.pt ; Rua Marechal Saldanha 2 ; tapas 10-15 € ; 12h30-1h ;)

Flor da Laranja

MAROCAIN €€

17 PLAN P. 38, C2

Originaire de Casablanca, Rabia Esserghini s'occupe de tout dans ce merveilleux restaurant. L'ambiance nord-africaine cosy et la délicieuse cuisine marocaine compensent largement la lenteur

Mercado da Ribeira

du service. Dolmas, succulents couscous, tagines d'agneau, de crevettes ou végétarien, poulet aux citrons confits et crêpes aux fruits rouges font partie des plats phares. (964 781 122 ; Rua da Rosa 206 ; plats 14-16 € ; 19h-23h30 lun-sam ;)

Alma
PORTUGAIS CONTEMPORAIN €€€

18 PLAN P. 38, E5

Le principal restaurant de Henrique Sá Pessoa, étoilé Michelin, qui compte parmi les plus remarquables du pays est, à notre humble avis, la meilleure table gastronomique de la capitale. Le cadre est à la fois détendu et d'une élégance discrète (sol en pierre d'origine, belles tables en bois), mais c'est avant tout l'extraordinaire cuisine nouvelle portugaise de Pessoa qui attire ici les gastronomes du monde entier. (213 470 650 ; www.almalisboa.pt ; Rua Anchieta 15 ; plats 29-33 €, menus dégustation 80-100 € ; 12h-15h et 19h-23h mar-dim ;)

100 Maneiras
FUSION €€€

19 PLAN P. 38, D2

Il y aurait une centaine de raisons d'aimer 100 Maneiras ! Le menu dégustation 10 plats, qui change deux fois par an, compte des recettes inventives préparées avec talent. Chaque plat est une surprise, ce qui participe au charme. Le chef accepte de s'adapter en cas de régime spécial ou d'allergie alimentaire. La jolie salle n'est pas bien grande : réservez. (910 307 575 ; www.restaurante100maneiras.com ; Rua do Teixeira 35 ; menu dégustation 60 €, vins compris classique/premium 95/120 € ; 19h30-2h ;)

Le Mercado da Ribeira

Attirant le chaland depuis 1892 avec ses étals de fruits, de légumes, de poissons et de fleurs, ce **marché couvert** (plan p. 38, C7 ; www.timeoutmarket.com) fait encore plus parler de lui depuis qu'en 2014, le magazine *Time Out* en a transformé la moitié en un espace de restauration haut de gamme, formant un véritable condensé de spécialités lisboètes : vins de la Garrafeira Nacional, steaks du Café de São Bento, charcuterie de la Manteigaria Silva et créations du chef étoilé Michelin Henrique Sá Pessoa.

Prendre un verre

Park
BAR

20 PLAN P. 38, B4

Si seulement tous les parkings à étages pouvaient être comme celui-ci... Prenez l'ascenseur jusqu'au 5e étage, puis montez sur le toit pour découvrir l'un des bars les plus branchés de Lisbonne. Admirez la vue sur la ville jusqu'au Tage, par-delà les clochers de l'Igreja de Santa Catarina. (www.facebook.com/parklisboaofficial ; Calçada do Combro 58 ; 13h-2h mar-sam, 13h-20h dim ;)

Le Bairro Alto le soir

Pendant des années, ce quartier ouvrier était le lieu où l'on venait s'encanailler le soir pour oublier le poids de la dictature de Salazar. Aujourd'hui, les prostituées ne rôdent plus dans les allées, et les taudis tagués sont devenus des boutiques rétro-chic, des galeries d'art alternatives et de petits restaurants, bars et clubs. Aussi calme qu'un théâtre désaffecté le jour, le Bairro Alto hédoniste se réveille la nuit venue. Les lanternes s'allument, les volets s'ouvrent et les chauffeurs de taxi investissent les ruelles étroites.

Pour découvrir l'âme du Bairro Alto, faites comme les Lisboètes. Naviguez d'un bar à l'autre selon l'humeur et la musique, portez un toast à vos nouveaux amis sur les pavés avec des bières à 1 € et vivez la nuit.

BA Wine Bar do Bairro Alto

BAR À VINS

21 PLAN P. 38, C3

Réservation indispensable dans ce bar à vins toujours bondé, considéré comme le meilleur du Bairro Alto. Le personnel, très accueillant, vous proposera trois formules de dégustation selon vos préférences en matière de vins (vins à partir de 5 € ; planches de dégustation pour 1/4 pers 13/47 €). Les fromages en provenance de petits producteurs et la charcuterie (*presuntos* fondants de porc noir) sont tout aussi remarquables. (213 461 182 ; bawinebar@gmail.com ; Rua da Rosa 107 ; 18h-23h mar-dim ;)

Pavilhão Chinês

BAR

22 PLAN P. 38, C1

Avec ses peintures à l'huile, ses maquettes d'avions suspendues au plafond et ses vitrines remplies de masques vénitiens et de figurines d'Action Men, ce bar tient à la fois de la brocante et du cabinet de curiosités. Jouez au billard ou lovez-vous dans un fauteuil pour boire un porto ou un excellent cocktail classique (à partir de 9,50 €). Tout ce kitsch chic explique peut-être les prix plus élevés qu'ailleurs. (www.facebook.com/pavilhaochineslisboa ; Rua Dom Pedro V 89-91 ; 18h-2h)

Tasca Mastai

BAR

23 PLAN P. 38, C4

Ce café-bar italien à l'atmosphère artistique offre un contraste bienvenu avec les autres établissements du Bairro Alto. La carte des Aperol Spritz est longue – essayez le Hugo, au goût de pomme un peu acide, la quintessence du cocktail estival. C'est un petit établissement, au coin d'une rue, meublé de vieilles tables de couture et de tabourets en carton ondulé. Les bruschettas accompagnent parfaitement les cocktails. (www.facebook.com/tascadomastai ; Rua da Rosa 14 ; 15h-minuit mar-ven, 16h-minuit sam-dim ;)

Duque Brewpub

PUB

24 PLAN P. 38, E3

Le premier pub-brasseur de Lisbonne propose 12 variétés de bières artisanales portugaises à la pression, certaines brassées sur place (les Cerveja Aroeira) de façon artisanale, si bien que le goût diffère à chaque fois. Parmi les invitées, on trouve des bières Dois Corvos, Musa et Letra. (www.duquebrewpub.com ; Duques da Calçada 49 ; 16h-minuit dim-mer, 16h-1h jeu, 16h-2h ven-sam ;)

O Bom O Mau e O Vilão

BAR À COCKTAILS

25 PLAN P. 38, D7

"Le Bon, la Brute et le Truand", installé dans une maison de ville de style pombalin, comprend plusieurs salles décorées d'œuvres d'art contemporain et de mobilier d'époque. Les DJ font danser sur des rythmes funk, soul, acid jazz ou vintage une foule éclectique, branchée et sympathique, dans une ambiance plus conceptuelle que le reste du quartier. (www.facebook.com/obomomaueovilao ; Rua do Alecrim 21 ; 19h-2h lun-jeu, 19h-3h ven-sam)

Loucos & Sonhadores

BAR

26 PLAN P. 38, C2

Ce bar bohème et enfumé se tient à l'écart de la foule des rues voisines. Décor kitsch, pop-corn salé gratuit et bande-son variée. Un bon endroit pour discuter de sujets divers dans les différentes salles, plutôt que pour la qualité des boissons. (Rua da Rosa 261 ; 22h-4h lun-sam)

Stupido 1/1

BAR

27 PLAN P. 38, C6

Plus qu'un simple bar, ce haut lieu de Cais do Sodré est une véritable installation artistique initiée par le célèbre artiste de rue Vhils. Les boissons et la musique live ne changent pas, contrairement à la décoration, renouvelée tous les ans par Vhils ou des artistes de son choix. (www.facebook.com/stupido.one ; Rua de São Paulo 130 ; 18h-2h mar-jeu, 18h-3h ven-sam, 18h-23h45 dim)

Noobai Café

BAR

28 PLAN P. 38, B5

Le panorama remarquable, les excellents cocktails (6-8,50 €) et la clientèle festive font de ce bar un lieu idéal pour prendre un verre devant le coucher du soleil, au Miradouro de Santa Catarina. Ambiance décontractée, jazz funky en fond sonore et vue magique sur le Tage. (www.facebook.com/NoobaiPaginaOficial ; Miradouro de Santa Catarina ; 10h-minuit)

Capela

BAR

29 PLAN P. 38, D4

Capela, qui selon la légende (discutable) serait une ancienne chapelle gothique, résonne aujourd'hui d'une musique expérimentale électro et house funk. Arrivez avant minuit pour apprécier les performances des DJ. Des fresques, des nus style Renaissance aux murs et les lustres ajoutent une touche bobo-chic. (www.facebook.com/acapelabar ; Rua da Atalaia 45 ; 20h-2h dim-jeu, 20h-3h ven-sam)

Discoteca Jamaica CLUB

30 PLAN P. 38, D7

Qu'on soit gay ou hétéro, jeune ou vieux et de n'importe quelle origine, on a tous un petit faible pour ce club qui sort des sentiers battus. Le week-end, la fête commence à battre son plein vers 2h ; les DJ mixent du reggae, du hip-hop et des airs rétro. (www.facebook.com/jamaicalisboa ; Rua Nova do Carvalho 6 ; 23h45-6h mar-sam)

Les excellentes pâtisseries

Le petit faible de Lisbonne pour les douceurs se traduit par une *pastelaria* (pâtisserie) presque à chaque coin de rue. Commandez comme les habitants un délicieux gâteau éponge ressuscité du XVIe siècle chez **Kasutera** (plan p. 38, A5 ; www.kasutera.pt ; Rua do Poço dos Negros 51 ; gâteaux 300/600 g 6/11 € ; 11h-20h mar-sam). Dans une ancienne usine de beurre, **Manteigaria** (plan p. 38, D5 ; www.facebook.com/manteigarialisboa ; Rua do Loreto 2 ; pastel de nata 1 € ; 8h-minuit) vend de très bons *pastéis de nata* – sortes de petits flans à la pâte feuilletée. Quant au gâteau au chocolat de **Landeau** (plan p. 38, D6 ; www.landeau.pt ; Rua das Flores 70 ; gâteau 3,70 € ; 12h-19h ;), il est imbattable.

Sortir

A Tasca do Chico FADO

31 PLAN P. 38, D4

Ce bar aux murs couverts de bannières d'équipes de football se remplit chaque soir d'une foule très éclectique (mieux vaut réserver). Tout le monde est libre d'y chanter du fado. Il n'est pas rare qu'un chauffeur de taxi y fasse une halte pour entonner un air avant de reprendre son travail dans la nuit. (961 339 696 ; www.facebook.com/atasca.dochico ; Rua do Diário de Notícias 39 ; 12h-2h dim-jeu, 12h-3h ven-sam)

Alface Hall MUSIQUE LIVE

32 PLAN P. 38, D3

Avec d'un côté un mur couvert de vinyles et de l'autre de vieux sièges de cinéma, ce bar du Bairro Alto a un air désuet. La toute petite scène (un coin de la salle) accueille chaque soir à 21h30 un concert gratuit de jazz ou de blues. (www.facebook.com/alface.music.hall ; Rua do Norte 96 ; 16h-minuit ;)

MILOSK50/SHUTTERSTOCK ©

Teatro Nacional de São Carlos

Fado in Chiado

FADO

33 PLAN P. 38, E4

Dans un petit théâtre, venez écouter des concerts de fado de qualité, d'une durée de 50 minutes – un chanteur, une chanteuse et deux guitaristes – avant le dîner. (961 717 778 ; www.fadoinchiado.com ; Espaço Chiado, Rua da Misericordia 14 ; entrée 18,50 € ; 19h lun-sam)

Zé dos Bois

MUSIQUE LIVE

34 PLAN P. 38, D4

Cette salle avant-gardiste possède une cour reposante couverte de graffitis. La programmation éclectique propose théâtre, films, arts visuels et concerts. (ZDB ; www.zedosbois.org ; Rua da Barroca 59 ; 6-10 € ; expositions 18h-23h mer-sam, concerts à partir de 22h)

Teatro Nacional de São Carlos

THÉÂTRE

35 PLAN P. 38, E5

Assistez à un opéra, un ballet ou à une pièce de théâtre, ou visitez simplement le magnifique intérieur rouge et or (visite guidée 5 €, réservation par e-mail). En été, le **Festival ao Largo** ((www.festivalaolargo.pt ; Largo de São Carlos ; fin juin-fin juil) organise des concerts gratuits en plein air sur la place face au théâtre. (213 253 045 ; www.saocarlos.pt ; Rua Serpa Pinto 9 ; billetterie 13h-19h lun-ven)

Lèche-vitrines

Dans le Chiado, la très distinguée Rua do Carmo est une vitrine pour les bijoutiers et les créateurs comme Ana Salazar, tandis que les librairies et les boutiques spécialisées entre autres en chocolat et en café de qualité jalonnent la Rua Garrett. Les habitants écument la Rua Dom Pedro V et Príncipe Real, fiefs de jeunes designers portugais, d'antiquaires et de magasins d'azulejos et de décoration intérieure. Au Bairro Alto, temple du shopping nocturne, de minuscules boutiques et *concept stores* écoulent aussi bien des vêtements vintage que des baskets en édition limitée, des objets en liège ou en céramique et des vinyles. La Rua do Diário de Notícias, la Rua das Salgadeiras et la Rua do Norte valent aussi le détour.

Shopping

A Vida Portuguesa SOUVENIRS

36 PLAN P. 38, F5

Les hauts plafonds de cet ancien entrepôt et fabrique de parfums transporteront les nostalgiques à la fin du XIXe siècle : boîtes de sardines rétro Tricana, savons Claus Porto, broderies de Viana do Castelo, hirondelles en porcelaine Bordalo Pinheiro. Autre boutique sur le Largo do **Intendente** (Largo do Intendente 23 ; 10h30-19h30) ; (www.avidaportuguesa.com ; Rua Anchieta 11 ; 10h-20h lun-sam, 11h-20h dim)

Loja do Burel VÊTEMENTS

37 PLAN P. 38, E5

Jadis à la base de l'habillement des bergers des montagnes de la Serra da Estrela, le burel, laine noire typiquement portugaise, était sur le point de disparaître quand cette entreprise a œuvré à sa résurrection en l'adaptant à la mode du XXIe siècle.
Ses couvertures, sacs à main, vestes, chapeaux et éléments de décoration colorés ont un style que vous ne trouverez nulle part ailleurs. (www.burelfactory.com ; Rua Serpa Pinto 15B ; 10h-20h lun-sam, 11h-19h dim)

Loja das Conservas ALIMENTATION

38 PLAN P. 38, E7

Ce temple de la conserve de poisson ressemble à une galerie d'art. Grâce à un savant revirement marketing, l'industrie déclinante de la conserve revit. Les boîtes au look rétro, présentées en parallèle de l'histoire de chaque conserverie, sont de véritables œuvres d'art. (www.facebook.com/lojadasconservas ; Rua do Arsenal 130 ; 10h-20h lun-sam, 12h-21h dim)

Claus Porto COSMÉTIQUE

39 PLAN P. 38, D3

Le magasin principal se trouve à Porto, mais la marque (l'une des plus célèbres du pays) possède une boutique au charme rétro dans la capitale. Les emballages de style Art déco et Belle Époque des luxueux savons, lotions, diffuseurs de parfum et carnets sont tirés des archives de la maison. (www.clausporto.com/pt ; Rua da Misericórdia 135 ; 10h-21h)

Apaixonarte DESIGN

40 PLAN P. 38, A5

Cette boutique de design située au coin d'une rue vend des objets de décoration et des accessoires de mode exclusivement fabriqués au Portugal. Une fois par mois, elle accueille une exposition d'artistes locaux. Savons, reproductions et petits objets décoratifs constituent des souvenirs appréciés. (www.apaixonarte.com ; Rua Poiais de São Bento 57 ; 12h-19h30 lun-ven, 11h-18h sam)

Cork & Company SOUVENIRS

41 PLAN P. 38, D4

Cette élégante boutique décline le liège sous toutes ses formes, même les plus surprenantes : sacs à main, stylos, portefeuilles, carnets, bougeoirs, chapeaux, écharpes, napperons, parapluies, coques d'iPhone ou encore chaises longues ! Le tout de bonne qualité, à partir de liège cultivé durablement. (www.corkandcompany.pt ; Rua das Salgadeiras 10 ; 11h-19h lun-sam, 17h-19h dim)

Fábrica Sant'Ana ARTISANAT

42 PLAN P. 38, D5

Spécialisé depuis 1741 dans la fabrication et la peinture à la main d'azulejos (à partir de 5 €), c'est l'endroit idéal pour se procurer de belles céramiques. (www.santanna.com.pt ; Rua do Alecrím 95 ; 9h30-19h lun-sam)

El Dorado VÊTEMENTS VINTAGE

43 PLAN P. 38, D4

Dans cette boutique tendance du Bairro Alto, des vinyles tournent sur un gramophone tandis que des divas fouinent dans des rayonnages de vêtements vintage – imprimés psychédéliques, chaussures plates-formes de 15 cm et jupes fourreaux. Bonne sélection de tenues pour sortir en discothèque. (213 423 935 ; Rua do Norte 23 ; 13h-21h lun-jeu, 13h-23h ven-sam, 15h-21h dim)

Livraria Bertrand LIVRES

44 PLAN P. 38, E5

La plus vieille librairie du monde encore en activité selon le Livre Guinness des records, ouverte depuis 1732. Excellente sélection d'ouvrages, notamment en français. (213 476 122 ; www.bertrand.pt ; Rua Garrett 73 ; 9h-22h lun-sam, 11h-20h dim)

Promenade à pied

Balade à Príncipe Real

Entre le Bairro Alto et Rato, ce petit coin de Lisbonne, ouvert d'esprit et bohème, invite à découvrir paisiblement ses marchés, ses antiquaires et ses boutiques branchées, ainsi qu'à observer les passants en buvant un café sur une place ombragée. Artistes, designers et la communauté gay ont fait de Príncipe Real leur quartier et lui insufflent une ambiance créative et délicieusement décontractée.

Itinéraire

Départ Esplanada ; 🚌 202 ou 758

Arrivée Cerveteca Lisboa ; 🚌 202 ou 758

Distance et durée 1,3 km ; 2 heures

❶ Café matinal

Commencez la journée en douceur à l'**Esplanada** (www.facebook.com/esplanadadoprincipereal ; Praça do Príncipe Real 23 ; plats 8-15 €, cocktails à partir de 7 € ; 9h-minuit dim-lun et mer, 9h-17h mar, 9h-2h jeu-sam ;), un kiosque avec des tables sous d'immenses hévéas.

❷ Flânerie sur la place

Un cèdre centenaire forme un parasol naturel géant au centre du **Jardim do Príncipe Real**. Des Lisboètes de tous horizons s'attardent sur cette place plantée de palmiers et bordée d'élégantes maisons de ville du XIXe siècle. La plus spectaculaire, le **Palacete Ribeiro da Cunha**, à la façade rose poudré, se situe au n°26.

❸ Design innovant

Le quartier héberge le nec plus ultra de la mode et du design. Professionnels célères ou émergeants présentent leurs dernières créations dans de belles boutiques comme l'**Embaixada** (www.embaixadalx.pt ; Praça do Príncipe Real 26 ; 12h-20h lun-ven, 11h-19h sam-dim, restaurants 12h-2h lun-ven, 11h-2h sam-dim), de style néomauresque. **Pau-Brasil** (Rua da Escola Politécnica 42 ; 12h-20h lun-sam, 12h-18h dim) est spécialisé dans les créations brésiliennes.

❹ Exquis chocolats

Faites une pause roborative dans l'une des meilleures chocolateries de la ville. **Bettina & Niccolò Corallo** (www.claudiocorallo.com ; Rua da Escola Politécnica 4 ; chocolat à partir de 90 € kg ; 11h-19h mar-sam), tenu par une famille originaire de São-Tomé-et-Principe, propose de succulents chocolats et d'excellents cafés, tous issus des plantations familiales africaines.

❺ Mode lisboète

Lisbonne s'est fait une place sur la scène de la mode internationale. Il suffit de déambuler dans les rues pour le voir, notamment dans la très tendance Rua Dom Pedro V. Admirez les audacieux imprimés de Lidija Kolovrat à **Kolovrat** (www.lidijakolovrat.com ; Rua Dom Pedro V 79 ; 11h-20h lun-sam), les créations épurées d'**Alexandra Moura** (www.alexandramoura.com ; Praça do Príncipe Real 26, Embaixada, 2e ét. ; 11h-20h lun-sam).

❻ L'antre de la bière artisanale

Le plus douillet des bars brassant ses propres bières se trouve sur la charmante Praça das Flores. **Cerveteca Lisboa** (www.cervetecalisboa.com ; Praça das Flores 62 ; 15h30-1h dim-jeu, 15h30-2h ven-sam ;), spécialisé dans les bières locales, propose aussi des marques internationales méticuleusement sélectionnées par les sympathiques propriétaires, Rui et Carolina. Rien de plus satisfaisant pour finir la journée que de siroter une bière fraîche sur la jolie place (mais pas aux tables du kiosque !).

DAMA DE COPAS
DAMA DE COPAS

Explorer

Baixa et Rossio

Reconstruite avec faste sur les ruines du séisme de 1755, la Baixa, véritable emblème royal et âme de la ville, ouvre Lisbonne sur le Tage entre le cliquetis des tramways, les artistes de rue captivant les badauds et les boutiques à l'ancienne. Son artère principale, la Rua Augusta, relie la majestueuse Praça do Comércio au Rossio où la vie de quartier bat son plein dans les minuscules bars à ginjinha *(liqueur de cerise) et aux terrasses de café.*

Comment s'y rendre et circuler

M Baixa-Chiado, Rossio, Terreiro do Paço, Restauradores.

Les lignes 12 (circulaire) et 15 vont de la Praça da Figueira à Algés via Alcântara et Belém. Les tramways n°s 18 et 25 s'arrêtent à Praça do Comércio. Le premier a pour terminus Ajuda via Alcântara, le second Campo de Ourique via Estrela. Arrêts du tramway n° 28 Rua da Conceição et Praça Martim Moniz.

Plan du quartier p. 60

Elevador de Santa Justa (p. 64)

Les incontournables

Praça do Comércio

*Rien de tel que la Praça do Comércio où se croisent la foule et les tramways pour saisir toute la beauté de Lisbonne. Avec ses arcades du XVIII*e *siècle et son arc de triomphe, la place la plus imposante de la ville a conservé son statut de porte d'entrée de la cité depuis l'époque où l'on y arrivait par voie maritime. Promenez-vous au bord du Tage, levez les yeux vers la statue équestre de Joseph I*er *et découvrez l'histoire de Lisbonne.*

PLAN P. 60, C6

Terreiro do Paço

Arco da Rua Augusta

Érigée après le séisme de 1755, la débauche de colonnes de cet **arc de triomphe** (Rua Augusta 2-10 ; 2,50 € ; 9h-21h mi-mai à août, horaires réduits en hiver) est coiffée d'allégories de la Gloire, du Courage et du Génie et des statues de personnages célèbres (Vasco de Gama, le marquis de Pombal). Un ascenseur mène au sommet, d'où l'on a une belle vue sur la Praça do Comércio, le fleuve et le château.

Statue de Joseph Ier

Au centre de la place, la statue équestre (XVIIIe siècle) du roi Joseph Ier rappelle que le palais royal (Palácio da Ribeira) s'y dressait avant le séisme.

La Tage

La place descend élégamment jusqu'au Tage. Lieu de rendez-vous prisé et point d'ancrage des bateaux touristiques et d'artistes ambulants, l'esplanade face au fleuve offre une vue dégagée jusqu'au Cristo Rei (p. 62), haut de 110 m, sur l'autre rive.

ViniPortugal

Dans une salle voûtée sous les arcades, **ViniPortugal** (www.winesofportugal.info ; Praça do Comércio ; 11h-19h avr-oct, fermé dim nov-mars) est une organisation viticole proposant plusieurs dégustations par jour. Une Enocard à 3 € permet de goûter au moins 3 vins portugais, des blancs de l'Alentejo aux rouges charnus du Douro.

Pátio da Galé

Nouvelle vitrine de Lisbonne après d'importants travaux, la cour intérieure rénovée de l'ancien palais royal réunit l'office du tourisme, une boutique de souvenirs (p. 69), ainsi que des cafés et restaurants avec vue.

★ À savoir

- Venez de bon matin pour apprécier la place au calme et le soir pour admirer sa belle mise en lumière.
- La place est le point de départ de nombreuses visites guidées à pied ou en bateau.

Une petite faim ?

Non loin de là, goûtez aux crémeuses glaces à l'italienne de **Fragoleto** (www.facebook.com/geladosfragoleto ; Rua da Prata 61 ; petite/moyenne/grande 2,50/3,80/5,20 € ; 11h-20h ;), aux parfums originaux et à base de produits issus de l'agriculture durable.

Idéal pour un repas simple et rapide, **Nova Pombalina** (www.facebook.com/anovapombalina ; Rua do Comércio 2 ; sandwichs 3-4,50 € ; 7h-19h30 lun-sam) sert de délicieux sandwichs au *leitão* (cochon de lait) en moins d'une minute, à consommer sur place ou à emporter.

Promenade à pied

La Baixa d'autrefois

Les ruelles pavées de la Baixa et du Rossio offrent une promenade dans le temps. Les funiculaires et les tramways grincent dans les montées raides comme ils le font depuis la fin du XIXe siècle, les cireurs de chaussures s'activent et les boutiques spécialisées prospèrent. Des merceries de poche, des pâtisseries d'un autre âge et de minuscules bars à ginjinha où la nostalgie prend la forme d'un petit verre agrémenteront votre balade.

Itinéraire

Départ Azevedo Rua ; M Rossio

Arrivée A Ginjinha ; M Rossio

Distance et durée 2,2 km ; 2 heures

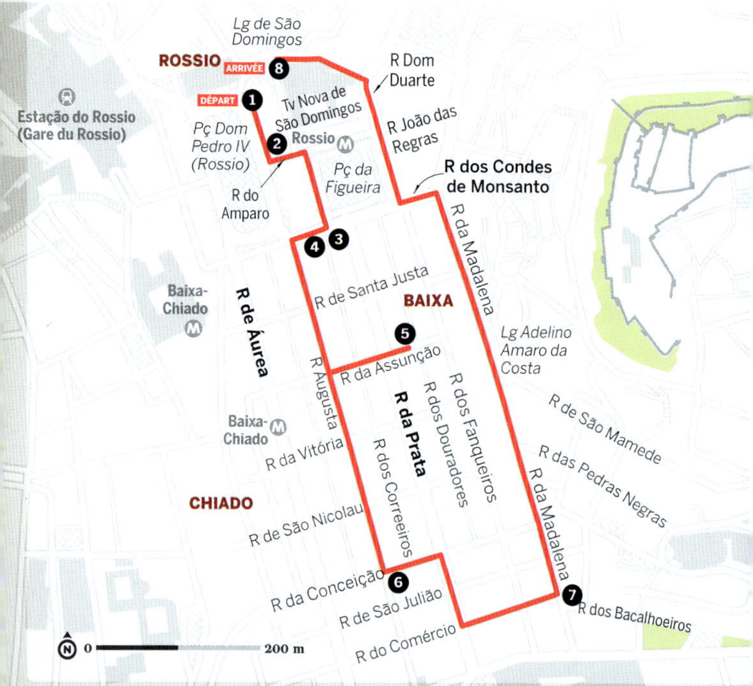

❶ Chapelier fou

Le chapelier le plus fou de Lisbonne, **Azevedo Rua** (213 470 817 ; www.azevedorua.pt ; Praça Dom Pedro IV 73 ; 9h30-19h30 lun-ven, 10h-14h30 sam), couvre les têtes depuis 1886. Dans cette échoppe au service à l'ancienne, les vitrines lambrissées croulent sous les bérets en tweed, les bonnets et les chapeaux de paille, melon ou dignes d'Ascot.

❷ Épicerie d'antan

Faites une halte dans les boutiques surannées de la Praça da Figueira et à la **Manteigaria Silva** (www.manteigariasilva.pt ; Rua Dom Antão de Almada 1D ; 9h-19h30 lun-sam), qui écoule depuis cent ans du jambon, du fromage, du vin et de la morue.

❸ Café gourmand

Depuis 1829, la **Confeitaria Nacional** (www.confeitarianacional.com ; Praça da Figueira 18 ; déj 7-9 € ; 8h-20h lun-jeu, 8h-21h ven-sam, 9h-21h dim) régale les gourmands de gâteaux aux œufs et aux amandes, de macarons et de *pastéis de nata*. Dans un décor de stuc, dégustez un café gourmand comme les Lisboètes.

❹ Spécialités portugaises

En regagnant le Rossio, faites halte chez **Manuel Tavares** (www.manueltavares.com ; Rua da Betesga 1A ; 9h30-19h30 lun-sam), une superbe boutique de 1860 à la devanture en bois où les habitants font provision entre autres délices de *salpicão* (saucisse fumée) de fromages affinés et de *ginjinha*.

❺ Paradis vintage

Les fans de vintage fréquentent **Outra Face da Lua** (www.facebook.com/aoutrafacedalua ; Rua da Assunção 22 ; 10h-19h30 lun-sam ;) pour trouver des vêtements rétro. Bercée par du jazz et de l'électro, vous pourrez aussi y prendre un repas léger, un cocktail ou un grand thé glacé.

❻ De fil en aiguille

Les petites merceries aux boiseries sombres de la **Rua da Conceição** rappellent une époque où l'on ravaudait encore ses bas. Boutons, rubans, bobines et passementeries garnissent, entre autres, la boutique Art nouveau **Retrosaria Bijou** (Rua da Conceição 91 ; 9h30-19h lun-ven, 8h-13h sam).

❼ Conserves de poisson

Située fort à propos, depuis les années 1930, au n°34 de la Rua dos Bacalhoeiros (rue des Morutiers), la **Conserveira de Lisboa** (www.conserveiradelisboa.pt ; 9h-19h lun-sam) vend exclusivement des conserves de poisson au design vintage. Une vieille dame et son fils encaissent et emballent vos achats comme avant.

❽ Apéro au coucher du soleil

Jeunes branchés, vieux messieurs, ouvriers et touristes se retrouvent à **A Ginjinha** (p. 68) pour un petit verre de liqueur de cerise (*ginjinha*). Observez le patron aligner les verres sur le zinc sous l'œil perçant d'Espinheira, inventeur de cette boisson au XIXe siècle.

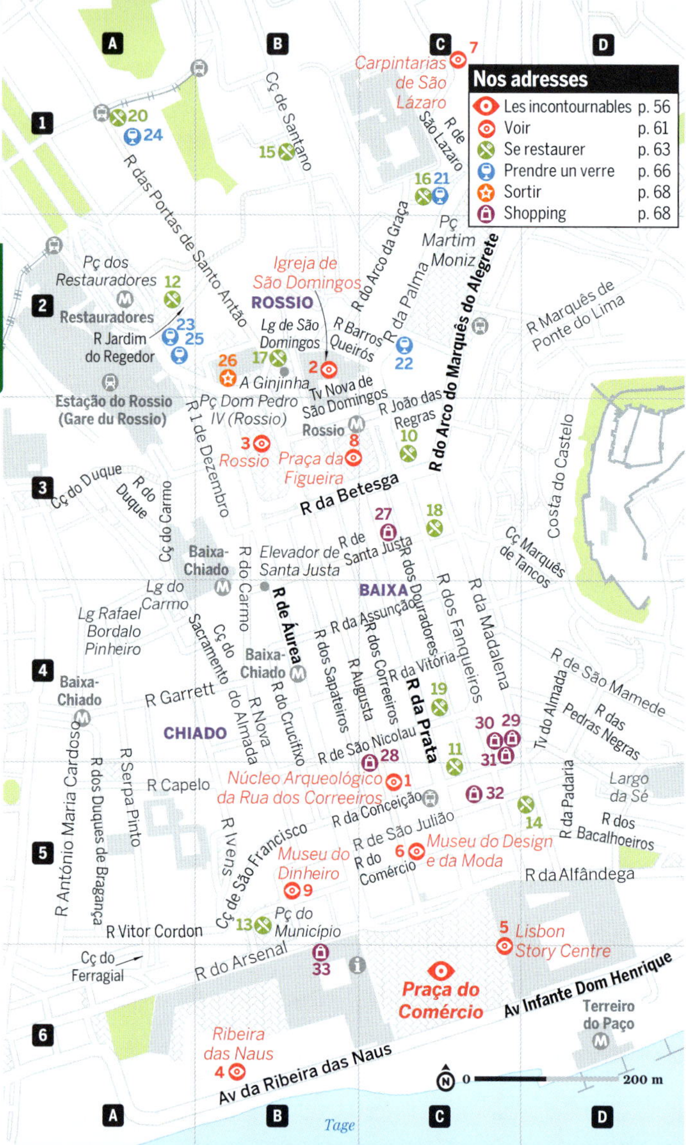
Nos adresses
Les incontournables p. 56
Voir p. 61
Se restaurer p. 63
Prendre un verre p. 66
Sortir p. 68
Shopping p. 68
A
B
C
D
1
2
3
4
5
6
Carpintarias de São Lázaro 7
R de São Lázaro
Cç de Santano
R das Portas de Santo Antão
Pç dos Restauradores
Restauradores
R Jardim do Regedor
Estação do Rossio (Gare du Rossio)
Igreja de São Domingos
ROSSIO
Lg de São Domingos
R Barros Queirós
R do Arco da Graça
R da Palma
Pç Martim Moniz
R do Marquês do Alegrete
R Marquês de Ponte do Lima
A Ginjinha
Tv Nova de São Domingos
Pç Dom Pedro IV (Rossio)
Rossio
R João das Regras
R do Arco do Marquês do Alegrete
3 Rossio
8 Praça da Figueira
R 1 de Dezembro
R da Betesga
Costa do Castelo
Cç do Duque
R do Duque
Cç do Carmo
Baixa-Chiado
R do Carmo
Elevador de Santa Justa
R de Santa Justa
BAIXA
Cç Marquês de Tancos
Lg do Carmo
Lg Rafael Bordalo Pinheiro
Cç do Sacramento
R de Áurea
R da Assunção
R dos Douradores
R dos Fanqueiros
R da Madalena
R de São Mamede
R das Pedras Negras
R dos Sapateiros
R Augusta
R dos Correeiros
R da Vitória
R da Prata
Tv do Almada
R Garrett
CHIADO
R do Almada
R Nova do Almada
R do Crucifixo
R de São Nicolau
R António Maria Cardoso
R dos Duques de Bragança
R Serpa Pinto
R Capelo
Núcleo Arqueológico da Rua dos Correeiros 1
R da Conceição
Largo da Sé
R da Padaria
R dos Bacalhoeiros
R Ivens
Cç de São Francisco
Museu do Dinheiro 9
R de São Julião
R do Comércio
6 Museu do Design e da Moda
R da Alfândega
R Vitor Cordon
Pç do Município
Cç do Ferragial
R do Arsenal
5 Lisbon Story Centre
Praça do Comércio
Av Infante Dom Henrique
Terreiro do Paço
Ribeira das Naus 4
Av da Ribeira das Naus
0 200 m
Tage

Voir

Núcleo Arqueológico da Rua dos Correeiros SITE ARCHÉOLOGIQUE

1 PLAN P. 60, C5

Au sous-sol de la banque Millennium BCP, ces ruines qui dateraient de l'âge du fer furent découvertes en 1991 lors des travaux de construction d'un parking. Réservez pour descendre dans les profondeurs de ce site au cours d'une visite guidée en compagnie d'un archéologue (gérées par la Fundacão Millennium). Visites en anglais ou en portugais, départ à l'heure pile selon la demande. (211 131 004 ; Rua Augusta 96 ; gratuit ; 10h-18h lun-sam)

Igreja de São Domingos ÉGLISE

2 PLAN P. 60, B2

Victime du séisme de 1755 et d'un incendie en 1959, c'est un miracle que cette église baroque de 1241 soit encore debout. À l'intérieur, des bougies éclairent ses piliers abîmés, ses murs délabrés et ses superbes sculptures. À l'extérieur, une étoile de David marque l'emplacement du pogrom de 1506. (www.patriarcado-lisboa.pt ; Largo de São Domingos ; gratuit ; 7h30-19h)

Rossio PLACE

3 PLAN P. 60, B3

La Praça Dom Pedro IV, surnommée Rossio par les Lisboètes, ne s'assoupit jamais. Cireurs de chaussures, employés de bureaux et revendeurs à la sauvette foulent son pavage rappelant le mouvement des vagues. Elle est ornée de fontaines et d'une statue de **Dom Pedro IV** (premier empereur du Brésil) trônant sur son piédestal de marbre.

Il s'en est passé des choses sur ces pavés : bûchers de sorcières, corridas, et la révolution des Œillets en 1974. Ne manquez pas les arches de pierre en fer à cheval et les tourelles de l'**Estação do Rossio**, la gare du Rossio de style néomanuélin, d'où partent les trains pour Sintra. (Praça Dom Pedro IV)

Ribeira das Naus PROMENADE

4 PLAN P. 60, B6

Les quais, récemment réaménagés, s'articulent autour de cette promenade qui s'étend de la Praça do Comércio au Cais do Sodré. Avec sa vue dégagée sur le fleuve, l'endroit est idéal pour flâner, paresser, lire, faire du vélo ou prendre un café au kiosque. Comme une sorte de plage en plein Lisbonne.

Lisbon Story Centre MUSÉE

5 PLAN P. 60, C6

Ce musée retrace l'histoire de Lisbonne, depuis sa fondation (avant la domination romaine) à nos jours. Un audioguide et des expositions multimédia expliquent les épisodes clés : la découverte du Nouveau Monde, le terrible séisme de 1755 (qu'un film fait revivre dans toute son horreur) et l'ambitieuse reconstruction qui a suivi ce drame. (www.lisboastorycentre.pt ; Praça do Comércio 78 ; adulte/enfant 7/3 € ; 10h-20h)

La statue du Cristo Rei

Visible de presque toute la capitale, le **Cristo Rei** (www.cristorei.pt ; Alto do Pragal, Av Cristo Rei, Almada ; adulte/enfant 5/2,50 € ; 9h30-18h30 15 juil-août, 9h30-18h sept-juin, 9h30-18h45 1er-15 juil) est une réplique un peu plus baroque du Christ Rédempteur de Rio de Janeiro. Ce Christ-Roi de 110 m de haut, bras ouverts, a été érigé en 1959 pour remercier Dieu d'avoir épargné au Portugal les atrocités de la Seconde Guerre mondiale. Un ascenseur conduit à un belvédère d'où l'on peut prendre de superbes photos de Lisbonne.

Museu do Design e da Moda MUSÉE

6 PLAN P. 60, C5

Ce musée phare de la Baixa, qui occupe les locaux caverneux d'une ancienne banque, est consacré au mobilier, au design industriel et à la mode des années 1930 à nos jours. Des meubles emblématiques de Charles Eames, Frank Gehry et des frères Campana (des designers brésiliens) et des pièces mode haute couture font partie des incontournables. (Mude ; www.mude.pt ; Rua Augusta 24 ; 10h-18h mar-dim)

Carpintarias de São Lázaro CENTRE CULTUREL

7 PLAN P. 60, C1

Installé au cœur de la Mouraria, ce nouveau centre culturel en devenir accueille des expositions temporaires visibles l'après-midi, tandis que les travaux se poursuivent le matin. Cet ancien atelier de charpenterie sur trois niveaux qui a survécu à un incendie et des années d'abandon est en passe de devenir un haut lieu de l'art contemporain disposant de restaurants, de bars et d'espaces détente. (www.facebook.com/CarpintariasdeSaoLazaro ; Rua de São Lázaro 72 ; gratuit ; 15h-19h mer-sam)

Praça da Figueira PLACE

8 PLAN P. 60, B3

Cette place animée est encadrée de demeures de style pombalin et de terrasses de café offrant une vue imprenable sur le château. Au centre se dresse la statue du **roi Joseph Ier**, jadis célèbre pour ses découvertes en Afrique au XVe siècle, et aujourd'hui cible des pigeons et point de rendez-vous des skateurs.

Museu do Dinheiro MUSÉE

9 PLAN P. 60, B5

Pénétrez dans le musée de la Monnaie de la banque Banco do Portugal pour admirer l'incroyable travail de rénovation à 34 millions € de l'ancienne église São Julião (déconsacrée en 1933), et le plus remarquable, a **Muralha de Dão Dinis**, un tronçon de 30 m de la muraille médiévale de la ville datant du XIIIe siècle, situé dans l'ancienne crypte de l'église et découvert lors de fouilles en 2010. (www.museudodinheiro.pt ; Largo de São Julião ; gratuit ; 10h-18h mer-sam)

Se restaurer

Eight Health Lounge

VEGAN €

10 PLAN P. 60, C3

Cette nouvelle adresse rafraîchissante de la Praça da Figueira est spécialisée dans la cuisine végétarienne et se targue d'un design impeccable. La juxtaposition de meubles et d'accessoires artisanaux en bois aux lignes claires et d'éléments de style minimaliste industriel fait la beauté du lieu. La carte appétissante comprend des jus de fruits frais, des smoothies, des paninis, des salades, des tartines et des cocktails bien-être. (www.8healthlounge.com ; Praça da Figueira 12A ; plats 4,90-7,50 € ; 9h30-20h lun-jeu, 9h30-15h ven, 11h-20h dim ;)

Pizzeria Romana al Taglio

PIZZERIA €

11 PLAN P. 60, C5

Ce restaurant romain en plein Lisbonne propose des *pizzas al taglio* – pizza romaine traditionnelle en parts carrées – fraîches, en 25 versions toutes plus colorées et appétissantes les unes que les autres (dont une dizaine au moins végétariennes ou végétaliennes). Parmi les plus appréciées, la *Cuor di Latte* (mozzarella de bufflonne, tomate et basilic), la *Diavola* (salami épicé) et la *Boscaiola* (saucisse et champignons) sont parfaites pour un repas sur le pouce en battant le pavé de la Baixa. (www.romanapizza.it ; Rua da Conceição 44 ; part 1-4 € ; 11h30-22h30 ;)

Le Cristo Rei

Vue depuis l'Elevador de Santa Justa

Toute panoramique qu'elle soit, la montée par l'**Elevador de Santa Justa** (plan p. 60, B4 ; angle Rua de Santa Justa et Largo do Carmo ; www.carris.pt/en/elevators ; 7h-23h mars-oct, 7h-21h nov-fév) dure à peine un instant. C'est le seul ascenseur de rue vertical de Lisbonne, bâti en 1902 et alimenté à la vapeur jusqu'en 1907. Allez-y tôt pour éviter la foule. Du sommet, la vue sur la ville est à couper le souffle.

Certains qualifient le tarif de l'ascenseur (5,15 €) d'*injusta !* Vous pouvez économiser 3,50 € en accédant à la plate-forme d'observation directement par le haut (derrière le Convento do Carmo, par le restaurant Bellalisa), ce qui ne vous coûtera que 1,50 €.

Pinóquio

PORTUGAIS €€

12 PLAN P. 60, A2

Ne passez pas à côté de cette adresse animée, cachée dans un coin de la place, derrière un kiosque à souvenirs. Dans un cadre désuet (nappes blanches, murs verts), des serveurs impassibles jonglent avec une flopée de plats traditionnels – *arroz de pato* (riz au canard), *feijoada* de la mer ou *arroz de bacalhau* (riz à la morue). (213 465 106 ; www.restaurantepinoquio.pt ; Praça dos Restauradores 79 ; plats 17-26 € ; 12h-minuit ;)

Delfina – Cantina Portuguesa

PORTUGAIS €€

13 PLAN P. 60, B5

Le restaurant du boutique-hôtel Alma incarne l'esprit de la cuisine portugaise traditionnelle. Figurent à la carte des classiques comme le *bacalhau à Brás* (émincé de morue, oignons, œufs et pommes de terre), ainsi que des plats traditionnels revisités", dont une sélection vaste et originale d'*açordas* (sorte de soupe à base de pain). (212 697 445 ; www.almalusahotels.com/delfina ; Praça do Município 21 ; plats 10-22 € ; 7h30-minuit)

Tasca Kome

JAPONAIS €€

14 PLAN P. 60, D5

Cette *tasca* (taverne) bien cachée est l'un des rares restaurants japonais authentiques de Lisbonne. La carte est plutôt courte mais comprend d'excellents sushis, du *tonkatsu* (porc pané), de l'*aji tataki* (chinchard au gingembre et à la ciboulette), du *nasu dengaku* (aubergines frites au miso), ainsi que des plats du jour changeants qui marient les cultures (porc mijoté aux radis blancs japonais, par exemple). (211 340 117 ; www.kome-lisboa.com ; Rua da Madalena 57 ; plats 8-23 €, assiettes de sushis à partir de 15 € ; 12h-14h30 et 19h-22h mar-jeu, 12h-15h et 19h-22h ven, 12h30-15h et 19h-22h sam ;)

La Lupita Cozinha Tradicional Mexicana MEXICAIN €€

15 PLAN P. 60, B1

Pendant la semaine, Ramon, originaire de Mexico, et sa femme roumaine tiennent un café peu conventionnel du nom de Casa do Campo. Le samedi, Ramon prépare un brunch mexicain authentique à base d'ingrédients en provenance directe de son pays natal. (914 222 270 ; www.facebook.com/lalupitalisboa ; Calçada de Santana 175 ; brunch 14 € ; 11h-14h sam ;)

Kin ASIATIQUE €€

16 PLAN P. 60, C1

Le lounge asiatique du Topo – bar en terrasse (p. 66) – marie des saveurs thaïes, vietnamiennes, indonésiennes et chinoises sous l'œil attentif d'un dragon dominant la salle. Au menu, principalement des plats de nouilles et de riz (*pad thai*, *nasi goreng*). Les cocktails sont conçus spécialement pour accompagner les saveurs épicées et sucrées de la cuisine. (www.topo-lisboa.pt ; Centro Comercial Martim Moniz, 6e ét., Praça Martim Moniz ; plats 10-14 € ; 20h-23h mar-sam ;)

Chaminés do Palácio PORTUGAIS €€

17 PLAN P. 60, B2

La plupart des passants ne remarquent pas ce palais du XVIe siècle classé monument national, situé près de la place du Rossio. Le restaurant qu'il renferme sert une cuisine portugaise traditionnelle dans une atmosphère très conviviale. Si le temps le permet, installez-vous dans la cour intérieure d'inspiration arabe, aux murs ornés d'azulejos bleu et blanc. (www.chaminesdopalacio.pt ; Largo de São Domingos 11, Palácio da Independência ; plats 6,50-12,50 € ; 12h-15h et 19h-22h lun-sam)

Less PORTUGAIS €€

18 PLAN P. 60, C3

Le bar-restaurant du chef Miguel Castro Silva bénéficie d'une vue remarquable sur des sites phares de la ville. On peut y savourer de délicieux plats essentiellement de poisson. Un secret bien caché. (913 204 373 ; www.miguelcastrosilva.com ; Rua dos Fanqueiros 276, 8e ét. ; plats 8,80-15,50 € ; 10h-20h lun-mer, 10h-minuit jeu-sam ;)

Bebedouro TAPAS €€

19 PLAN P. 60, C4

Sous un éclairage fait d'abat-jour en bouteilles de vin, cet établissement élégant propose des crus charnus du Douro qui se marient à la perfection aux assiettes de charcuterie et de fromages régionaux, aux salades originales et aux *petiscos* (tapas). Un lieu tout en longueur qui ne comprend que cinq tables, cinq places au bar et une petite terrasse sur le trottoir. (218 860 376 ; www.facebook.com/bebedourowineandfood ; Rua de São Nicolau 24 ; assiettes dégustation 17,70-39,50 € ; 12h-23h45 mer-lun ;)

Solar dos Presuntos PORTUGAIS €€€

20 PLAN P. 60, A1

Outre les *presuntos* (jambons secs) suspendus dans la vitrine, ce restaurant est également réputé pour ses excellents produits de la mer. Commencez par les entrées avec le délicieux jambon *pata negra*, de la saucisse fumée *(paio)* et du fromage, avant de déguster une succulente *açorda* de homard, une paella ou un curry de crustacés. (213 424 253 ; www.solardospresuntos.com ; Rua das Portas de Santo Antão 150 ; plats 16-27,50 €, fruits de mer 29-98 €/kg ; 12h30-15h30 et 19h-23h lun-sam ;)

Prendre un verre

TOPO Martim Moniz BAR

21 PLAN P. 60, C1

Ce bar branché installé sur un toit-terrasse est parfait pour se détendre en profitant du point de vue sur l'animation de la Praça Martim Moniz et toute la capitale. Il comprend un espace extérieur où savourer un cocktail (8-14 €), un café ou un en-cas, ainsi qu'un lounge couvert. Bande-son entraînante, souvent l'œuvre de DJ. (www.topo-lisboa.pt ; Centro Comercial Martim Moniz, 6e ét., Praça Martim Moniz ; 12h30-minuit dim-mer, 12h30-1h jeu, 12h30-2h ven-sam)

Hotel Mundial Rooftop Bar BAR

22 PLAN P. 60, C2

Au couchant, le toit-terrasse de l'Hotel Mundial offre une vue panoramique sur Lisbonne et son château perché au sommet d'une colline. Bar à l'éclairage tamisé, canapés blancs et musique d'ambiance, c'est le cadre dans lequel on savoure apéritifs et petites assiettes à partager. (www.hotel-mundial.pt ; Praça Martim Moniz 2, Hotel Mundial ; 18h30-0h30 avr-oct, 18h30-23h30 nov-mars)

O Bar da Odete BAR À VINS

23 PLAN P. 60, A2

Une vitrine encombrée de jambons dissimule un bar intime servant au verre une bonne vingtaine de vins différents (5-14 €), accompagnés de *presunto* (jambon sec) délicatement tranché. Fiez-vous aux conseils du personnel expérimenté – tous les vins ont été sélectionnés par "Odete Cascais", pseudonyme utilisé par *Time Out Lisboa*. Le jambon, en provenance principalement de la Beira, est succulent. (www.facebook.com/OBardaOdete ; Rua do Jardim do Regedor 47B ; 10h-minuit)

Fábrica Coffee Roasters CAFÉ

24 PLAN P. 60, A1

Passez les restaurants à touristes bordant la Rua das Portas de Santo Antão piétonne jusqu'à atteindre ce merveilleux sanctuaire du café. De délicieux breuvages sont servis dans un décor tendance. Des grains d'arabica d'origine unique en provenance du Brésil, d'Éthiopie et de Colombie sont torréfiés sur place et transformés en un liquide résolument "troisième vague". (www.fabricacoffeeroasters.com ; Rua das Portas de Santo Antão 136 ; 9h-21h)

Un tremblement de terre dévastateur

La chute d'une ville prospère

Imaginez Lisbonne à son apogée : le Portugal a découvert l'or au Brésil et les marchands affluent en ville pour faire commerce d'or, d'épices, de soieries et de bijoux dans le superbe cadre de son architecture manuéline du XVIe siècle. Le cœur de la cité bat à la Baixa, couronnée par le palais royal (Paço da Ribeira) sur la place Terreiro do Paço.

Faites maintenant un bond jusqu'au 1er novembre 1755, le jour où tout a basculé. À 9h40, à l'heure de la messe de la Toussaint, la Terre tremble violemment à trois reprises. Les secousses déclenchent un incendie et un tsunami encore plus dévastateurs. Une grande partie de la ville s'écroule comme des dominos rayant de la carte palais, bibliothèques, galeries d'art, églises et hôpitaux. Lisbonne ne retrouvera jamais son statut d'antan. On estime que pas moins de 90 000 des 270 000 habitants périrent.

Le marquis de Pombal et le renouveau de la Baixa

C'est alors qu'entre en scène l'imperturbable et redoutablement cartésien marquis de Pombal, de son vrai nom Sebastião José de Carvalho e Melo. Le Premier ministre de Joseph Ier entame rapidement la reconstruction de Lisbonne pour, selon ses mots, "enterrer les morts et prendre soin des vivants". Après le séisme, cet homme d'État autoritaire maintient non seulement le pays en plein marasme économique à flot, mais il parvient à propulser Lisbonne dans l'ère moderne.

Épaulé par des ingénieurs militaires et les architectes Eugenio dos Santos et Manuel da Maia, Pombal joue un rôle essentiel pour reconstruire Lisbonne dans un style peu cher et antisismique, à l'origine du plan en damier actuel. Antithèse du style rococo, l'architecture pombaline, très fonctionnelle, fait peu usage des azulejos et des éléments décoratifs, privilégiant les matériaux préfabriqués, les larges rues et les places spacieuses.

Encadrée par le Rossio, au nord, et la Praça do Comércio, au sud, la Baixa, candidate au patrimoine mondial de l'Unesco depuis 2004, est le meilleur exemple de cette architecture.

Bar Rossio

BAR

25 PLAN P. 60, A2

Une merveilleuse terrasse sur le toit pour s'offrir un café l'après-midi ou un verre (cocktails entre 9 et 17 €) dans le scintillement naissant des lumières de la ville. (www.altishotels.com ; Altis Avenida Hotel, Rua 1 Dezembro 120 ; 7h-minuit ;)

Les bars à ginjinha

Au crépuscule, les abords du Largo de São Domingos et de la Rua das Portas de Santo Antão adjacentes s'animent. Les habitants viennent y déguster de la liqueur de cerise dans une poignée de bars à *ginjinha*. Berceau de cet apéritif, le célèbre **A Ginjinha** (plan p. 60, B2 ; Largo de Saõ Domingos 8 ; 9h-22h) doit sa recette à un moine goulu de l'Igreja Santo António prénommé Espinheira, qui aurait révélé son secret de fabrication à un entrepreneur galicien. Il existe d'autres bars de poche à proximité où commander pour un peu plus de 1 € une *ginjinha sem* (sans) ou, notre préférée, *com* (avec) cerise.

Sortir

Teatro Nacional de Dona Maria II

THÉÂTRE

26 PLAN P. 60, B2

Le superbe théâtre néoclassique du Rossio souffre d'un manque de financement qui se ressent dans sa programmation. Visites guidées à 11h le lundi (sauf en août). Rien dans ne laisse deviner son sinistre passé de siège de l'Inquisition portugaise à partir de 1540, sous le nom de Palácio dos Estaus. (800 213 250 ; www.teatro-dmaria.pt ; Praça Dom Pedro IV ; billetterie 11h-22h mer-ven, 14h-22h sam, 10h30-19h mar et dim)

Shopping

Garrafeira Nacional

VINS

27 PLAN P. 60, C3

Une institution depuis 1927 et la meilleure adresse pour se procurer des vins et alcools locaux. Le petit musée renferme des bouteilles du XVIIIe siècle. (218 879 080 ; www.garrafeiranacional.com ; Rua de Santa Justa 18 ; 9h30-19h30 lun-ven, 9h30-19h sam)

Typographia

VÊTEMENTS

28 PLAN P. 60, C5

Cette boutique (d'autres enseignes existent à Porto et Madrid) voit chaque mois arriver une nouvelle collection de T-shirts originaux conçus localement (23,95 €), dont vous garderez sans aucun doute l'exclusivité une fois rentré à la maison. (www.typographia.com ; Rua Augusta 93 ; 10h-19h)

Santos Ofícios

ARTISANAT

29 PLAN P. 60, C4

Une fascinante boutique d'artisanat portugais, sous une voûte en brique, où l'on vend des châles de *fadista* brodés à la main, de la dentelle de Madère, des poteries noires vernissées et les constructions en allumettes miniatures d'André Monteiro. Les articles, de bonne qualité, échappent au kitsch. (www.santosoficios-artesanato.pt ; Rua da Madalena 87 ; 10h-19h30 lun-sam)

A Ginjinha

Soma Ideas

ARTISANAT

30 PLAN P. 60, C4

Cette boutique de souvenirs atypique et moderne revisite l'imagerie traditionnelle portugaise. Mugs colorés, céramiques ou œuvres encadrées – vous ne regretterez pas vos achats ! (www.somaideas.com ; Rua dos Fanqueiros 98/100 ; 10h-20h30)

Queijaria Nacional

ALIMENTATION

31 PLAN P. 60, C4

Cette fromagerie rassemble des variétés de fromages de tout le Portugal – du fort et crémeux Serra da Estrela à des productions des Açores et de l'Alentejo. Des dégustations allient fromages, charcuterie et vins portugais. (Rua da Conceição 8 ; 10h-19h)

Espaço Açores

ALIMENTATION

32 PLAN P. 60, C5

À défaut d'aller aux Açores, cette jolie boutique offre un avant-goût sous forme de fromage, de miel, de liqueur et du plus ancien thé produit en Europe. (www.espacoacores.pt ; Rua de São Julião 58 ; 10h-14h et 15h-19h lun-sam)

Lisbon Shop

SOUVENIRS

33 PLAN P. 60, B6

Installée dans le complexe pombalin du Pátio da Galé, cette boutique regorge de souvenirs typiquement portugais. Elle est gérée par Ask Me Lisboa, qui dépend de l'office du tourisme de Lisbonne. (www.askmelisboa.com ; Rua do Arsenal 15 ; 9h30-19h30)

Promenade à pied

De la Baixa à Santa Catarina

Cette balade vous fera découvrir les incontournables du centre-ville, les boutiques d'un autre âge de la Baixa, les musées du Chiado, sans oublier les magnifiques couchers de soleil depuis Santa Catarina. Les places au passé royal de la Baixa, les ruelles tracées par le marquis de Pombal après le séisme de 1755 et les cafés littéraires jadis fréquentés entre autres par Fernando Pessoa, vous plongeront dans l'histoire de Lisbonne.

Itinéraire

Départ Praça do Comércio ; M Terreiro do Paço

Arrivée Santa Catarina ; 28

Distance et durée 4,5 km ; 3 heures 30

❶ Praça do Comércio

Les tramways passent avec fracas devant les façades grandioses et les arcades de la **Praça do Comércio** (p. 56), point de jonction entre le Tage et la ville. Admirez la statue équestre de Joseph Ier, puis dégustez des vins portugais à **ViniPortugal** (2 € ; p. 57).

❷ Rua Augusta

Passez sous l'**Arco da Rua Augusta** (p. 57) l'artère principale du quartier, du même nom, envahie par les artistes de rue et les boutiques. De là, explorez les ruelles au charme suranné comme la **Rua da Conceição**.

❸ Elevador de Santa Justa

À la hauteur de la Rua Santa Justa, dirigez-vous à gauche vers la silhouette néogothique de l'**Elevador de Santa Justa** (p. 64), un ascenseur de rue. D'en haut, la vue s'ouvre à 360°.

❹ Praça da Figueira

Suivez la Rua de Santa Justa vers l'est, puis remontez la Rua da Prata vers le nord jusqu'à la **Praça da Figueira** (p. 62), avec ses cafés, ses boutiques à l'ancienne et sa vue plongeante sur le château.

❺ Rossio

Gagnez la superbe place du **Rossio** (p. 61) pour admirer son pavement ondoyant, ses fontaines, ainsi que le théâtre néoclassique et l'Estação do Rossio néomanuéline, qui l'encadrent.

❻ Largo do Carmo

Derrière la gare du Rossio, la Calçada do Carmo monte jusqu'au **Largo do Carmo**. Cette place du Chiado, à l'ombre des jacarandas, s'agrémente de terrasses de café et du Chafariz do Carmo, une fontaine du XVIIIe siècle. C'est ici que se dressent les arcs dépouillés du **Convento do Carmo** (p. 34).

❼ Casa do Ferreira das Tabuletas

Traversez la place vers la Rua da Trindade pour voir les azulejos en trompe-l'œil de la **Casa do Ferreira das Tabuletas** (1864) représentant des figures allégoriques et les quatre éléments.

❽ Rua Serpa Pinto

Descendez la rue vers le sud en passant devant le **Teatro Nacional de São Carlos** (p. 49), Opéra du XVIIIe siècle, puis admirez l'art contemporain du **Museu do Chiado** (p. 40).

❾ Santa Catarina

Tournez à droite et suivez les tramways dans l'élégante Rua de São Paulo jusqu'à l'**Ascensor da Bica** (p. 41) datant de 1892. Descendez la Rua Marechal Saldanha pour voir, du haut du **Miradouro de Santa Catarina** (p. 40), le soleil se coucher sur le Tage.

Vaut le détour

Le tramway n°28

Le tramway n°28 fait partie des attractions phares de Lisbonne. Et pour cause, le trajet de 45 minutes de Praça Martim Moniz au Campo de Ourique offre des panoramas époustouflants et des montées extraordinairement raides avec force grincements et secousses. Usez de bom dia (bonjour) et de vos pouvoirs de persuasion afin de vous faufiler jusqu'à la fenêtre pour une balade urbaine inoubliable.

www.carris.pt/pt/tram/28E

2,90 € (tarif à bord)

Graça

Dans les ruelles étroites et sinueuses de Graça, les épiceries, les lampadaires en fer forgé et le linge au balcon sont parfois si proches que le tramway semble les frôler dans sa course. Prêtez attention aux gracieuses flèches jumelles de l'**Igreja de São Vicente de Fora**.

Castelo et Alfama

Dans la descente, essayez de vous positionner côté gauche pour entrevoir la mosaïque de toits rouges de l'Alfama étagée jusqu'au Tage et mieux voir la **Sé** (cathédrale). Des resquilleurs s'accrochent souvent périlleusement aux portes. Descendez au **Largo das Portas do Sol** d'où vous aurez un panorama remarquable sur la ville. Une courte montée vous conduira au **château**.

Baixa et Chiado

Le tramway traverse avec fracas les rues de la Baixa tracées par le marquis de Pombal avant de grimper jusqu'à l'élégante **Praça Luís de Camões** pavée de mosaïques où trône une statue du poète éponyme. Poursuivant son ascension vers Estrela, il réserve de beaux points de vue sur la ville et le fleuve.

Estrela et Prazeres

Au détour de la Calçada da Estrela bordée de maisons pastel décorées d'azulejos, le **Palácio da Assembleia da República** et la **Basílica da Estrela**, tous deux de style néoclassique, apparaissent à l'horizon. Allez jusqu'au terminus (Campo Ourique) pour vous balader au **Cemitério dos Prazeres**. Émaillé de tombes monumentales, ce cimetière de 1833 ménage une vue panoramique sur le fleuve et le pont du 25-Avril.

★ À savoir

- Des pickpockets sévissent dans le tram ; surveillez vos effets personnels.
- Partez de la Praça Martim Moniz ou du Campo de Ourique pour avoir plus de chance de vous asseoir.
- Pour des trajets illimités, investissez dans un pass Carris 24h (6,30 €), qui comprend l'accès aux tramways et aux funiculaires.
- Parmi les autres trajets dignes d'intérêt : le tram n°12 au départ de la Praça da Figueira, qui sillonne les ruelles de l'Alfama, le n° 18 de la Rua Alfândega au Palácio da Ajuda via Alcântara, et enfin la ligne n° 15, qui part de la Praça da Figueira.

Une petite soif ?

L'excellen brasseur artisanal de Lisbonne, 8ª Colina, a ouvert le kiosque à bières Quiosque 8ª Colina (p. 89), sur le Largo da Graça, idéal pour se rafraîchir.

14

Explorer

Alfama, Castelo et Graça

Voici probablement le Lisbonne dont vous avez rêvé : un château maure surplombant une colline, des allées pavées serpentant jusqu'à des points de vue haut perchés et du linge séchant aux fenêtres de maisons à la palette de couleurs digne d'un peintre de fresques. Dans ce coin de la ville, la vie se joue dans la rue. Le fado résonne encore et toujours et les grils de petits restaurants familiaux grésillent le midi dans une sympathique atmosphère de quartier sans prétention.

Comment s'y rendre et circuler

Le tram n° 28 dévale les rues de Castelo et de Graça avec pour arrêts principaux Largo das Portas do Sol, Sé et Largo da Graça.

M Du terminus Santa Apolónia de la ligne bleue, on peut rejoindre rapidement les sites près du Tage.

Prenez le bus n°734 (Martim Moniz-gare Santa Apolónia) pour vous rendre au Largo da Graça et au Campo de Santa Clara.

Plan du quartier p. 80

Les incontournables

Castelo de São Jorge

Dominant majestueusement la ville du haut d'une colline, le château Saint-Georges fut construit au milieu du XIe siècle, lorsque les Maures contrôlaient Lisbonne. Ils avaient fait de ce bastion le cœur de leur alcáçova (citadelle). Croisés en 1147, rois portugais du XIVe au XVIe siècle et prisonniers à toutes les époques, mais aussi des batailles, des sacres et un tremblement de terre ont émaillé l'histoire de cette forteresse.

PLAN P. 80, B3

www.castelodesaojorge.pt

tarif plein/étudiant/enfant 8,50/5 €/gratuit

9h-21h mars-oct, 9h-18h nov-fév

Les remparts et le jardin

À l'ombre des pins, les remparts du château ménagent une vue dégagée sur Lisbonne. Vous y apercevrez le Tage et le pont du 25-Avril, les rues à angle droit de la Baixa contrastant avec les gratte-ciel des quartiers modernes et un certain nombre de places et monuments. Dans le jardin adjacent, des paons se pavanent entre les ruines.

La tour d'Ulysse et le périscope

Des onze tours de la forteresse, la tour d'Ulysse est celle dont l'histoire est la plus intéressante. On stockait jadis les trésors du royaume et les archives dans celle que l'on surnommait la Torre do Tombo (tour de la Chute), car les biens les plus précieux du royaume finissaient à l'intérieur. Elle abrite désormais un périscope (*camera obscura*) d'où l'on peut voir Lisbonne à 360°.

Núcleo Museológico

Ce musée s'emploie à retracer les différentes époques de l'histoire (et de la préhistoire) du château à travers des objets issus de fouilles archéologiques : fragments de poterie de l'âge du fer, amphores romaines, lampes à huile et pièces de monnaie médiévales ou encore azulejos du XVIIe siècle.

Le site archéologique

Il faut recourir à son imagination pour parvenir à reconstituer l'histoire du château sur ce site archéologique. Dans un recoin paisible de la forteresse, on devine le lieu où s'implantèrent les premiers habitants au VIIe siècle av. J.-C., les vestiges de constructions maures du milieu du XIe siècle et les ruines de la dernière résidence royale détruite par le tremblement de terre de 1755.

★ À savoir

- Des visites guidées gratuites du château (1 heure 30, départs 10h30, 13h et 16h) et de la tour d'Ulysse (20 min, toutes les 20 min) ont lieu tous les jours.
- Plan et brochure en libre service à l'entrée.
- Arrivez tôt ou tard, il y aura moins de monde.
- Revenez au crépuscule pour immortaliser le château éclairé.

Une petite faim ?

En journée, suivez l'odeur de poisson grillé qui vous mènera au très prisé **Páteo 13** (www.facebook.com/pateo13 ; Calçadinha de Santo Estêvão 13 ; plats 7,50-9,50 € ; 12h-22h mar-jeu, 12h-23h ven-dim, fermé nov-fév ;), caché sur une petite place de l'Alfama décorée de guirlandes.

Le soir, découvrez les vins portugais du Wine Bar do Castelo (p. 89), accompagnés de viande fumée et de fromage.

Promenade à pied

Les ruelles de l'Alfama

L'Alfama et les quartiers voisins de Graça et de Castelo offrent un instantané du quotidien des Lisboètes : places fleuries et délicieuses ruelles secrètes résonnant au son des conversations, des notes de fado et, le week-end, du brouhaha du marché aux puces.

Itinéraire

Départ Miradouro de Santa Luzia ; 🚋 n° 28

Arrivée Miradouro da Senhora do Monte ; 🚋 n° 28

Distance et durée 5 km ; 2-3 heures

❶ Vue fluviale

Commencez par le **Miradouro de Santa Luzia** (Largo Santa Luzia), Rua do Limoeiro, un belvédère couvert de bougainvillées surplombant les toits de l'Alfama et le Tage. Sur le côté, prêtez attention aux panneaux d'azulejos bleu et blanc illustrant le siège de Lisbonne en 1147 et la Praça do Comércio au début du XVIIIe siècle.

❷ Ruelles autour du château

Peu de visiteurs s'aventurent dans le pittoresque lacis de ruelles entourant le château, telle la **Rua Santa Cruz do Castelo**, bordée de maisons aux teintes pastel, de bars de poche et d'épicerie. Prenez le temps d'y saisir l'âme de la vieille *alcáçova* (citadelle) maure, jadis résidence de l'élite.

❸ Porte maure

Le **Largo das Portas do Sol** dévoile une vue de carte postale de l'Alfama et de Graça. Admirez la coupole toute blanche du panthéon et les flèches jumelles de l'Igreja de São Vicente de Fora se détachant sur une mosaïque de toits rouges.

❹ Azulejos cachés

Suivez les rails du tramway en descendant jusqu'à la **Sé** (p. 83), l'imposante cathédrale gothique de Lisbonne. Derrière se niche la **Rua de São João da Praça** avec ses cafés au plafond voûté, ses clubs de fado et ses façades ornées d'azulejos aux motifs en pointe de diamant au n°88 ou floraux au n°106.

❺ Balade dans l'Alfama

Au cœur du dédale de l'Alfama, le **Largo de São Miguel** est reconnaissable aux deux flèches jumelles de sa chapelle et à son palmier, tandis que la **Rua dos Remédios**, jalonnée de cafés, d'épiceries et de galeries d'art se prête à la flânerie. Dans les rues alentour, on interprète du fado fenêtres grandes ouvertes, on joue au backgammon, on fait griller des sardines ou on s'échange les derniers potins, comme on l'a toujours fait.

❻ Marché aux puces

L'animation bat son plein à Graça le jeudi et le samedi quand le **Campo de Santa Clara** accueille la **Feira da Ladra** (p. 91), un grand marché aux puces où les habitants vendent le pire et le meilleur à l'ombre du dôme gracieux du Panteão Nacional (panthéon).

❼ Terrasse estivale

Prisée des Lisboètes l'été, la terrasse du **Miradouro da Graça** (Largo da Graça) accolée à l'église baroque du même nom jouit d'une vue imprenable sur la colline du château, le Tage et le pont du 25-Avril. Plus magique encore au crépuscule !

❽ Lisbonne vue d'en haut

Le plus haut belvédère de Lisbonne, le **Miradouro da Senhora do Monte** (Rua da Senhora do Monte), est aussi l'un des moins fréquentés. De cette place ombragée, toute la ville déploie ses charmes devant vous.

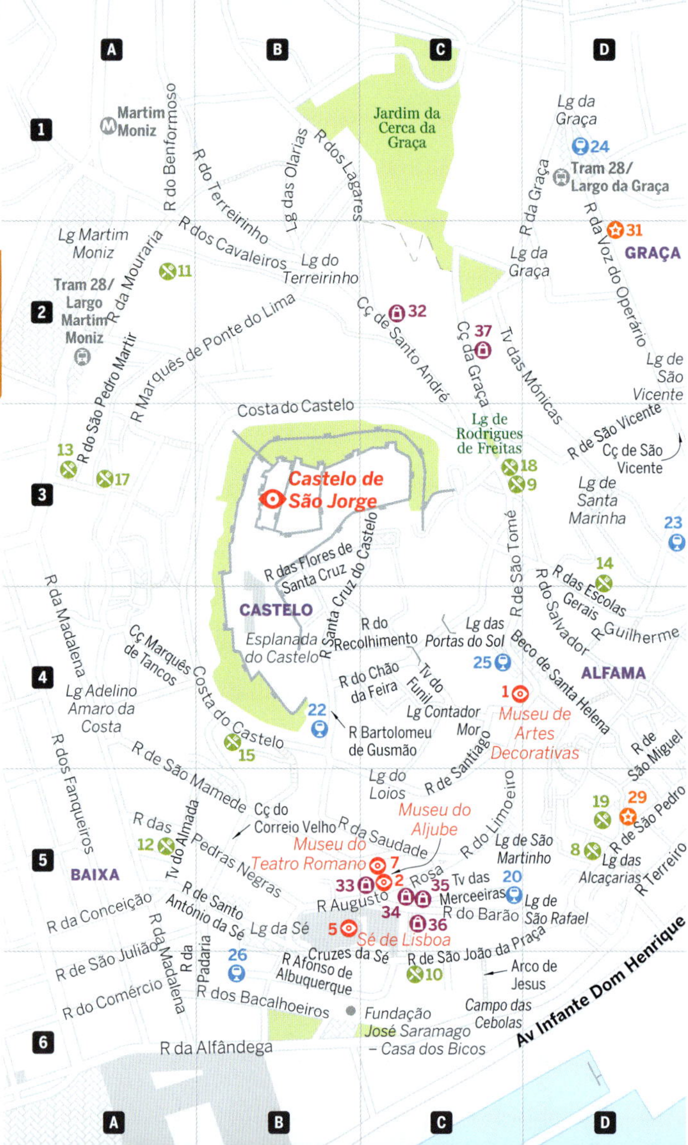
A
B
C
D
1
2
3
4
5
6
Martim Moniz
Jardim da Cerca da Graça
Lg da Graça
24
Tram 28/ Largo da Graça
R do Benformoso
R do Terreirinho
Lg das Olarias
R dos Lagares
R da Graça
R da Voz do Operário
31
GRAÇA
Lg Martim Moniz
R da Mouraria
R dos Cavaleiros
Lg do Terreirinho
11
Tram 28/ Largo Martim Moniz
R Marquês de Ponte do Lima
Cç de Santo André
32
37
Cç da Graça
Tv das Mónicas
Lg de São Vicente
R do São Pedro Mártir
Costa do Castelo
Lg de Rodrigues de Freitas
R de São Vicente
Cç de São Vicente
13
17
Castelo de São Jorge
18
9
Lg de Santa Marinha
23
R das Flores de Santa Cruz
R Santa Cruz do Castelo
R de São Tomé
14
R das Escolas Gerais
R do Salvador
R Guilherme
R da Madalena
CASTELO
R do Recolhimento
Lg das Portas do Sol
Beco de Santa Helena
Cç Marquês de Tancos
Esplanada do Castelo
25
ALFAMA
Lg Adelino Amaro da Costa
Costa do Castelo
R do Chão da Feira
Tv do Funil
1
Museu de Artes Decorativas
22
R Bartolomeu de Gusmão
Lg Contador Mor
R de Santiago
R de São Miguel
R dos Fanqueiros
15
R de São Mamede
Lg do Loios
R do Limoeiro
19
29
R de São Pedro
Cç do Correio Velho
Museu do Aljube
R das Pedras Negras
12
Tv do Almada
R da Saudade
Lg de São Martinho
8
Lg das Alcaçarias
R Terreiro
BAIXA
Museu do Teatro Romano
7
33
2
R Augusto Rosa
35
Tv das Merceeiras
20
Lg de São Rafael
R de Santo António da Sé
34
R do Barão
R da Conceição
R da Madalena
Lg da Sé
5
Sé de Lisboa
36
R de São Julião
R da Padaria
26
Cruzes da Sé
R Afonso de Albuquerque
R de São João da Praça
10
Arco de Jesus
Av Infante Dom Henrique
R do Comércio
R dos Bacalhoeiros
Fundação José Saramago – Casa dos Bicos
Campo das Cebolas
R da Alfândega
A
B
C
D

E
F
G
H
Nos adresses
Les incontournables p. 76
Voir p. 82
Se restaurer p. 84
Prendre un verre p. 87
Sortir p. 89
Shopping p. 90
1
2
3
4
5
6
R da Verónica
Campo de Santa Clara
Campo de Santa Clara
16
38
Arco Grande da Cima
Panteão Nacional 6
4 Mosteiro de São Vicente de Fora
Lg do Outeirinho da Amêndoeira
Ti-Natércia
R do Paraíso
Cais de Pedra
21
Gare de Santa Apolónia
Santa Apolónia
28
30
27
R do Museu de Artilharia
R dos Corvos
R do Vigário
Calçadinha de Santo Estêvão
R dos Remédios
R do Jardim do Tabaco
Av Infante Dom Henrique
Cais de Pedra
Lg do Chafariz de Dentro
do Trigo
3 Museu do Fado
Doca do Jardim do Tabaco
Tage
0
400 m

Voir

Museu de Artes Decorativas

MUSÉE

1 PLAN P. 80, C4

Installé dans un petit palais du XVIIe siècle, le musée des Arts décoratifs croule sous le poids de ses trésors, dont de l'argenterie française, de précieux vases Qing et des meubles indochinois – une collection amassée par un riche banquier portugais dès l'âge de 16 ans. Ses superbes appartements ornés d'azulejos baroques, de fresques et de lustres valent aussi le déplacement. (www.fress.pt ; Largo das Portas do Sol 2 ; adulte/enfant 4 €/gratuit ; 10h-17h mer-lun)

Museu do Aljube

MUSÉE

2 PLAN P. 80, C5

Ce nouveau musée consacré aux années de dictature qu'a connues le Portugal est installé dans une ancienne prison politique. À la fois poignant et terrifiant, il couvre cette période troublante, présentée sur trois étages, de la *Ditadura Militar* en 1926 à l'*Estado Novo*, "l'État nouveau", de 1933 à 1974 – une histoire faite de torture gouvernementale, de surveillance, d'oppression, de violence, de propagande et de censure. Un lieu de mémoire important et incontournable. (www.museudoaljube.pt ; Rua de Augusto Rosa 42 ; adulte/enfant 3 €/gratuit ; 10h-18h mar-dim, gratuit dim jusqu'à 14h)

Sé de Lisboa

Museu do Fado

MUSÉE

3 PLAN P. 80, E5

Immergez-vous dans les mélodies douces-amères du fado. Ce musée retrace l'histoire de cette musique, de ses origines ouvrières dans l'Alfama à son succès international. (www.museudofado.pt ; Largo do Chafariz de Dentro ; adulte/enfant 5/3 € ; 10h-18h mar-dim)

Mosteiro de São Vicente de Fora

MONASTÈRE

4 PLAN P. 80, E3

Ce monastère fut fondé en 1147 et remanié par l'architecte italien Felipe Terzi à la fin du XVIe siècle, avant que son église ne soit dévastée par le séisme de 1755 (le dôme traversa le toit et s'effondra sur la **sacristie**, mais en sortit étonnamment intact). Depuis, des azulejos sophistiqués bleu et blanc ornent presque tous les murs de l'édifice et rappellent les lignes architecturales de l'ensemble. (Largo de São Vicente ; adulte/enfant 5 €/gratuit ; 10h-18h mar-dim)

Sé de Lisboa

CATHÉDRALE

5 PLAN P. 80, B5

Monument emblématique de Lisbonne, la cathédrale aux allures de forteresse a été érigée en 1150 sur le site d'une ancienne mosquée, juste après la reconquête de la ville par les chrétiens. Elle fut restaurée avec grand soin dans les années 1930. L'intérieur, orné d'une voûte à nervures et éclairé par une rosace, est apaisant. En vous promenant autour de la cathédrale, levez les yeux sur les gargouilles qui veillent sur les orangers. (Largo da Sé ; entrée libre ; 9h-19h mar-sam, 9h-17h dim-lun)

La fondation José Saramago

La Casa dos Bicos abrite la **Fundação José Saramago** (plan p. 80, B6 ; www.josesaramago.org ; Rua dos Bacalhoeiros 10 ; adulte/enfant 3 €/gratuit ; 10h-18h lun-sam). Un petit musée est consacré au plus célèbre des romanciers portugais, tandis que des ruines romaines sont visibles au rez-de-chaussée. C'est au pied de l'olivier devant la maison que les cendres de Saramago ont été dispersées en 2011. On ne pouvait trouver lieu plus propice que cette demeure du XVIe siècle chargée d'histoire et proche du Tage pour perpétuer la mémoire de ce géant de la littérature portugaise.

Panteão Nacional

MUSÉE

6 PLAN P. 80, F2

La blanche et imposante silhouette baroque du Panthéon national règne sur le Campo de Santa Clara, à Graça. Cette ancienne église honore la mémoire des grands personnages de la nation, dont l'explorateur du XVe siècle Vasco de Gama et la *fadista* Amália Rodrigues. (www.panteaonacional.gov.pt ; Campo de Santa Clara ; adulte/enfant 4 € ; 10h-18h mar-dim, 10h-17h oct-mars)

Museu do Teatro Romano MUSÉE

7 PLAN P. 80, C5

Ultramoderne, le musée du Théâtre romain vous propulse dans l'Olisipo (Lisbonne) de l'empereur Auguste. Clou de la visite, les ruines d'un **théâtre romain** agrandi en 57, enfoui lors du séisme de 1755 et redécouvert en 1964. (www.museudelisboa.pt ; Rua de São Mamede 3A ; adulte/enfant 3 €/gratuit ; 10h-18h mar-dim, gratuit dim jusqu'à 14h)

Se restaurer

Medrosa d'Alfama CAFÉ €

8 PLAN P. 80, D5

Ce sympathique café possède quelques tables sur l'une des plus jolies places de l'Alfama. Un lieu agréable où déguster une bière artisanale avec du chorizo grillé, des *tibornos* (genre de bruschetta portugaise), un verre de sangria à 2,50 € ou un café. (www.medrosadalfama.pt ; Largo de São Rafael 6 ; petites assiettes 3,50-10 € ; 12h-minuit mer-lun ;)

Marcelino Pão e Vinho PORTUGAIS €

9 PLAN P. 80, C3

Ce tout petit café, décoré de caisses de vin aux murs et de chapeaux traditionnels, expose des œuvres d'artistes portugais. Il y a parfois des concerts dans ce lieu confortable où siroter une sangria et se régaler de salades, de sandwichs et d'en-cas légers, ou encore de saucisse flambée à table dans un plat en terre cuite. (Rua do Salvador 62 ; plats 4-9 € ; 10h-2h jeu-mar ;)

Pois Café CAFÉ €

10 PLAN P. 80, C6

Dans une ambiance décontractée sous des arches en pierre, le Pois Café propose salades et sandwichs originaux, jus de fruits frais et formules du jour plus consistantes. Les canapés invitent à paresser avec un livre et un café l'après-midi. (www.poiscafe.com ; Rua de São João da Praça 93 ; plats 7-10 € ; 12h-23h lun, 10h-23h mar-dim ;)

O Zé da Mouraria PORTUGAIS €€

11 PLAN P. 80, A2

Derrière des portes de saloon se cache une taverne typiquement portugaise proposant une cuisine familiale. Les murs sont ornés d'azulejos et les tables recouvertes de nappes à carreaux. La morue maison, servie dans une abondance de pois chiches, oignons, ail et huile d'olive, est justement réputée, et les plats du jour sont tout aussi appétissants. Le service, en revanche, laisse à désirer. (218 865 436 ; Rua João do Outeiro 24 ; plats pour 2 pers 16,50-33,50 € ; 12h-16h lun-sam ;)

Prado PORTUGAIS €€

12 PLAN P. 80, A5

Ce nouveau restaurant 100% bio spécialisé dans les petites assiettes est l'œuvre du chef António Galapito, qui avait travaillé à la Taberna do Mercado (restaurant

SALVADOR AZNAR/SHUTTERSTOCK ©

londonien du chef étoilé Michelin Nuno Mendes). Les assiettes joliment présentées surprennent par leurs saveurs fraîches, franches et originales. (☎ 210 534 649 ; www.pradorestaurante.com ; Tv das Pedras Negras 2 ; petites assiettes 4,50-14 € ; 🕑 12h-15h30 et 19h-23h mer-sam, 12h-17h dim ; 📶)

Tasca Zé dos Cornos PORTUGAIS €€

13 PLAN P. 80, A3

Cette taverne familiale de la Mouraria accueille avec autant de prévenance les habitués que les nouveaux visages. L'espace est réduit, si bien qu'il n'est pas rare d'attendre et de partager sa table. Dans les assiettes, une cuisine traditionnelle mettant l'accent sur le porc (on recommande les côtes) et la morue. Portions généreuses. (☎ 218 869 641 ; www.facebook.com/ZeCornos ; Beco Surradores 5 ; plats 5,50-12 € ; 🕑 8h-23h lun-sam)

Os Gazeteiros EUROPÉEN €€

14 PLAN P. 80, D3

Le chef français David Eyguesier avait fait ses classes au Pois Café avant d'ouvrir, chez lui, une table clandestine. Il tient désormais dans l'Alfama un merveilleux restaurant dont le nom fait référence à l'école buissonnière, par allusion à sa formation sur le tas. Les menus fixes à quatre plats, quotidiennement remaniés, sont servis dans un joli cadre moderne (éclairage design, mobilier géométrique), devant une cuisine ouverte, sans micro-ondes ni congélateur ! (☎ 939 501 211 ; www.osgazeteiros.pt ; Rua das Escolas Gerais 114-116 ; dîner à prix fixe 35 € ; 🕑 19h30-22h mar-sam ; 📶)

Un repas chez "tata"

Rares sont les restaurants de l'Alfama qui n'ont pas vocation à restaurer les touristes ; celui de **Ti-Natércia** (plan p. 80, E3 ; 218 862 133 ; Rua Escola Gerais 54 ; plats 5-12 € ; 19h-minuit mar-ven, 12h-15h et 19h-minuit sam) déroge à la règle. Le président portugais Marcelo Rebelo de Sousa lui-même a été séduit par la cuisine maison et la personnalité haute en couleur de "tata" Natércia, qui s'occupe de tout en solo dans son établissement au cœur de l'Alfama.

Chapitô à Mesa PORTUGAIS €€

15 PLAN P. 80, B4

Dans le café décontracté de cette école de cirque, la cuisine créative du chef Bertílio Gomes est servie dans une salle avec une superbe vue. Il réinterprète des classiques (*bacalhau à Brás*, porc aux palourdes) qui se marient à merveille avec un verre de Quinta da Silveira Reserva. (218 875 077 ; www.chapito.org ; Rua Costa do Castelo 7 ; plats 19-21 € ; 12h-minuit lun-ven, 19h30-23h sam-dim ;)

Santa Clara dos Cogumelos INTERNATIONAL €€

16 PLAN P. 80, F2

Les amateurs de champignons seront servis dans ce restaurant tenu par un Italien et installé dans la vieille halle du marché Campo de Santa Clara. Sa carte est une véritable ode au *cogumelo* (champignon). Le shiitaké bio *à bulhão pato* (à l'ail et à la coriandre) et la glace aux cèpes de Bordeaux servie avec des marrons glacés sont remarquables. (218 870 661 ; www.santaclaradoscogumelos.com ; Campo de Santa Clara 7 ; petiscos 4,50-11 €, plats 12-25 € ; 19h30-23h mar-dim et 13h-15h sam ;)

Cantinho do Aziz MOZAMBICAIN €€

17 PLAN P. 80, A3

Cachée dans une étroite ruelle du quartier multiculturel de la Mouraria, cette adresse festive sert une cuisine mozambicaine très appréciée. Goûtez le *pulão de cabrito* (curry de chevreau), le *chacuti de cabrito* (chevreau dans une sauce brune à la noix de coco) ou le *makoufe* (curry de crevettes et de crabe avec son riz à la cacahuète et à la noix de coco). (218 876 472 ; www.cantinhodoaziz.com ; Rua de São Lourenço 3-5 ; plats 12-17 € ; 12h-23h ;)

Princesa do Castelo CAFÉ VEGAN €€

18 PLAN P. 80, C3

Refaites-vous une santé dans ce café tenu par un Indien enthousiaste, où la cuisine végétarienne, végétalienne, macrobiotique et sattvique fait la part belle aux produits bio et naturels. Outre des plats du jour comme le chili au quinoa avec bananes plantains ou le riz à la tomate et à la cacahuète serv avec un curry d'aubergines et d'edamames, on y sert les seuls *pastéis de nata végétaliens de Lisbonne*. Paiement en espèces uniquement. (www.facebook.com/princesadocastelorestaurantevegetariano ; Rua do Salvador 64A ; plats 10,50 € ; 12h-minuit mar-dim ;)

Santo António de Alfama

PORTUGAIS **€€**

19 PLAN P. 80, D5

Ce bistrot possède la plus jolie cour de Lisbonne (agréable en été), agrémentée de vigne vierge, de perruches chanteuses et de linge aux balcons. La déco de la salle est dédiée au cinéma et le menu affiche des *petiscos* savoureux, parmi lesquels du brie pané à la compote de framboise et du boudin aux pommes, ainsi que des plats traditionnels plus consistants. (218 881 328 ; www.siteantonio.com ; Beco de Saõ Miguel 7 ; plats 13,50-19,50 € ; 12h30-2h ;)

Prendre un verre

Memmo Alfama

BAR

20 PLAN P. 80, C5

Depuis l'élégante terrasse sur le toit de l'hôtel Memmo Alfama, le quartier se déploie jusqu'au Tage tel un décor en origami. Confortablement installé, admirez le coucher du soleil sur les toits et sur les flèches des églises (et sur le nouveau terminal des bateaux de croisière). Cocktails entre 7,50 et 10 €. (www.memmoalfama.com ; Tv das Merceeiras 27 ; 12h-minuit ;)

Lux-Frágil

CLUB

21 PLAN P. 80, H2

Ce club de la capitale, en partie détenu par John Malkovich, est un incontournable. Admirez le lever

Mesa de Frades (p. 90)

Le fado

Rien ne vaut, selon certains, l'écoute de la complainte mélancolique chargée d'émotions d'un chanteur de fado pour saisir l'âme du Portugal. Mais demandez à des Lisboètes de vous expliquer le fado et vous aurez une réponse différente à chaque fois. Effectivement, plus on l'écoute, plus la diversité de ce genre musical saute aux yeux. Comme l'affirmait judicieusement un *fadista* (chanteur de fado), "le fado c'est la vie, le bonheur, la tristesse, la poésie, l'histoire".

Les origines du fado

Le fado plonge en grande partie ses racines dans les ruelles du quartier ouvrier de l'Alfama. Les chansons de marins nostalgiques, les ballades poétiques mauresques, le blues des esclaves brésiliens sont autant d'influences possibles et nul doute que le fado mêle tout cela et bien plus. Élément clé de tout morceau de fado, la *saudade* est un concept typiquement portugais que l'on pourrait traduire par la nostalgie. Elle accompagne souvent les thèmes récurrents du destin (fado signifie "destin"), du remords, de la douleur et de la solitude. À Lisbonne, les concerts de fado comprennent traditionnellement un chanteur, accompagné d'une guitare portugaise à 12 cordes et d'une viole.

Fadistas célèbres

Si l'Alfama est le berceau du fado, Amália Rodrigues (1920-1999) l'a rendu célèbre dans le monde avec ses trilles déchirants, son âme et sa poésie. La Rainha do Fado (reine du fado) occupe encore une place à part dans le cœur des Portugais. Aujourd'hui, des *fadistas* élargissent et dépoussièrent le genre en le mâtinant souvent de blues, de tango argentin ou de flamenco. La plus connue de la nouvelle génération de *fadistas*, Mariza, a vu ses albums *Concerto em Lisboa* (2007) et *Terra* (2008) récompensés aux Grammy Awards latinos.

Fado à l'Alfama

Les rues de l'Alfama résonnent encore des accords de fado montant des fenêtres ouvertes des clubs à l'éclairage tamisé. On peut aussi bien écouter du *fado vadio,* du fado amateur enjoué permettant à tout un chacun de chanter, que des artistes professionnels complets. Tout est affaire de goût, mais partout, quand les lumières s'éteignent, le silence se fait, en signe de respect pour le chant de l'âme.

du soleil sur le Tage depuis le toit-terrasse ou prélassez-vous dans les énormes fauteuils aux airs de trône. (www.luxfragil.com ; Av Infante D Henrique, Armazém A, Cais de Pedra ; 23h-6h jeu-sam)

Wine Bar do Castelo BAR À VINS

22 PLAN P. 80, B4

Dans ce bar proche de l'entrée du Castelo de São Jorge (p. 76), on déguste plus de 150 crus portugais au verre, avec de savoureux accompagnements. Nuno, le propriétaire polyglotte, maîtrise parfaitement le sujet. (218 879 093 ; www.facebook.com/winebardocastelo ; Rua Bartolomeu de Gusmão 13 ; 13h-22h)

Copenhagen Coffee Lab CAFÉ

23 PLAN P. 80, D3

La nouvelle adresse de cette chaîne de cafés danoise (la troisième à Lisbonne) se prête parfaitement à une pause détente au cours d'une balade dans les ruelles de l'Alfama. (www.copenhagencoffeelab.com ; Rua das Escolas Gerais 34 ; 8h-19h ;)

Quiosque 8ª Colina BIÈRES ARTISANALES

24 PLAN P. 80, D1

Sur une jolie place du Largo da Graça, ce kiosque sert à la pression cinq bières de la microbrasserie 8ª Colina, située à 170 m. (www.oitavacolina.pt ; Largo da Graça ; 12h-20h mar-jeu, 12h-minuit ven-sam, 14h-20h dim)

Portas do Sol BAR

25 PLAN P. 80, C4

Cette terrasse ensoleillée est idéale pour siroter un cocktail (7 €) en contemplant la vue sublime sur le Tage. Des DJ assurent l'animation le week-end dans une salle de style industriel. (www.portasdosol.pt ; Largo das Portas do Sol ; 10h-1h dim-jeu, 10h-2h ven-sam ;)

Outro Lado BIÈRES ARTISANALES

26 PLAN P. 80, B6

L'ancien LisBeer a fait peau neuve et a changé de nom, mais il sert toujours les bières les plus cool de Lisbonne. Huit bières artisanales à la pression et environ 250 en bouteilles. (www.facebook.com/OutroLadoLisboa ; Beco do Arco Escuro 1 ; 15h-minuit mar-sam ;)

Sortir

Senhor Fado FADO

27 PLAN P. 80, F4

La *fadista* Ana Marina et le guitariste Duarte Santos forment un beau duo dans la pénombre douillette de cette petite salle de *fado vadio*. (914 431 971; www.sr-fado.com ; Rua dos Remédios 176 ; 20h-2h mer -sam)

Tasca Bela FADO

28 PLAN P. 80, F3

Ce lieu intime accueille des soirées fado les mercredis, vendredis, samedis et dimanches, et des événements culturels variés les autres soirs. Il faut dépenser au minimum 19 €, mais, contrairement à de nombreuses maisons de fado, vous pourrez vous contenter de boissons et de *petiscos* au lieu de prendre une formule dîner coûteuse. (926 077 511 ; www.facebook.com/bela.vinhosepetiscos ; Rua dos Remédios 190 ; 20h30-3h mar-dim)

A Baiuca

FADO

29 PLAN P. 80, D5

Agréable ambiance de réunion de famille pour cette scène singulière du *fado vadio*. Il faut dépenser au minimum 25 €, un prix élevé étant donné la qualité de la cuisine, mais le fado est remarquable. (218 867 284 ; Rua de São Miguel 20 ; 20h-minuit jeu-lun)

Mesa de Frades

FADO

30 PLAN P. 80, F4

Cette ancienne chapelle est un lieu magique. Décorée de superbes azulejos, elle ne compte que quelques tables. (917 029 436 ; www.facebook.com/mesadefradeslisboa ; Rua dos Remédios 139A ; spectacle 50 € ; 20h-2h30 lun-sam)

Damas

MUSIQUE LIVE

31 PLAN P. 80, D2

Restaurant, bar et salle de concerts alternatifs, le Damas a donné aux jeunes branchés une raison de monter jusqu'à Graça. Il accueille des concerts variés et souvent gratuits. (www.facebook.com/pg/DAMASLISBOA ; Rua do Operário 60 ; 13h-2h mar, 18h-2h mer-jeu, 18h-4h ven-sam)

Shopping

Cortiço & Netos

ARTICLES POUR LA MAISON

32 PLAN P. 80, C2

On est accueilli dans cet établissement hors du commun par un superbe mur d'azulejos. Quatre frères, Pedro, João, Ricardo et Tiago Cortiço, rendent ici hommage

Feira da Ladra

GREG ELMS/GETTY IMAGES ©

à leur grand-père qui, pendant plus de 30 ans, collecta et vendit des fins de série de carreaux industriels portugais. En relançant cette affaire familiale, ils sont devenus experts en azulejos et en l'art de les réutiliser aujourd'hui. (www.corticoenetos.com ; Calçada de Santo André 66 ; 10h-13h et 14h-19h lun-sam)

A Arte da Terra SOUVENIRS

33 PLAN P. 80, C5

Installée dans les écuries d'un palais épiscopal vieux de plusieurs siècles, cette boutique vend de l'artisanat portugais authentique, dont des broderies de Castelo Branco, des santons, des azulejos peints à la main, des CD de fado et des articles en liège. Certains articles sont disposés dans d'anciens abreuvoirs. (www.aartedaterra.pt ; Rua de Augusto Rosa 40 ; 11h-20h)

O Voo da Andorinha SOUVENIRS

34 PLAN P. 80, C5

Perles aux couleurs acidulées, accessoires brodés, objets originaux et bien d'autres souvenirs vous attendent dans cette charmante boutique près de la cathédrale qui rassemble les créations d'une cinquantaine d'artistes des environs de Lisbonne. (www.facebook.com/ovoodaandorinha ; Rua do Barão 22 ; 11h-19h30 lun-sam)

Era Uma Vez Um Sonho JOUETS

35 PLAN P. 80, C5

Depuis plus de 20 ans, ce magasin enchanteur vend des marionnettes, peluches, puzzles et livres illustrés fabriqués au Portugal. (www.eraumavezumsonho.pt ; Rua do Barão 22 ; 10h-20h lun-sam)

Só.Sé DESIGN

36 PLAN P. 80, C5

Visitez le nouveau lieu de création libre, studio de design et galerie de Jorge Moita, afin de rencontrer le designer portugais et voir ses sacs La.Ga. Ces ovnis en Tyvek, matériau très léger et ultra-résistant, portent la marque de ceux qui les ont faits. (937 103 093 ; www.facebook.com/krvkurva ; Beco do Quebras Costas 4 ; 7h-22h mar-sam, 7h-14h dim)

Garbags ACCESSOIRES

37 PLAN P. 80, C2

Une boutique respectueuse de l'environnement qui vend des sacoches, étuis pour iPhone, portefeuilles, sacs à main et des sacs à zip fabriqués avec d'anciens sacs de café en toile de jute, sachets de chips, canettes et autres matériaux recyclés. Les articles semblent resistants (et imperméables). (www.garbags.eu ; Calçada da Graça 16 ; 10h-21h mai-sept, 10h-20h oct-avr)

Feira da Ladra MARCHÉ AUX PUCES

38 PLAN P. 80, F2

Sur ce vaste marché aux puces, on peut dénicher vieux disques, pièces de monnaie, pantalons baggy, livres écornés et autres trésors poussiéreux. (www.cm-lisboa.pt ; Campo de Santa Clara ; 9h-17h mar et sam)

Vaut le détour

Museu Nacional do Azulejo

Lorsqu'elle fonda le Convento da Madre de Deus en 1509, la reine Dona Leonor ne s'imaginait probablement pas qu'il deviendrait un hommage à l'art de ce carreau de faïence. L'exceptionnel musée national de l'Azulejo donne à découvrir l'histoire, vieille de 500 ans, de cet art portugais, grâce à des chapelles aux fresques religieuses saisissantes, des couloirs tapissés de scènes de chasse de la Renaissance et des salles de bal aux détails géométriques.

218 100 340
www.museudoazulejo.pt
Rua Madre de Deus 4
adulte/enfant 5 €/gratuit
10h-18h mar-dim

Sala de Grande Vista de Lisboa

Au 2e étage, la magnifique vue panoramique de Lisbonne datant du début du XVIIIe siècle est incontestablement le joyau du musée. Attribué au peintre d'azulejos espagnol Gabriel del Barco, cet immense panneau représente Lisbonne avant le séisme de 1755. Repérez les sept collines lisboètes, le Tage et les points d'intérêt anciens et actuels sur cette composition d'azulejos bleu et blanc raffinée.

Nossa Senhora da Vida

Réalisé à la fin du XVIe siècle avec quelque 1 498 carreaux, le retable de Notre-Dame-de-la-Vie constitue l'un des plus anciens chefs-d'œuvre en azulejos du Portugal. Des pointes de diamant en trompe-l'œil en bas et des colonnes ornées de vignes encadrent les évangélistes Jean et Luc et la scène centrale de l'Adoration des bergers.

L'église

Cette église maniériste dans le plus pur style baroque croule sous les ors, les fresques et les azulejos. Des chérubins semblent voltiger au-dessus du retable doré, sous un plafond orné de fresques sur la vie de la Vierge et du Christ. Sur des panneaux composés de carreaux de faïence hollandais (fin du XVIIe siècle), admirez Moïse et le Buisson ardent, des franciscains en train de prier et le cortège des Bergers.

Capela de Santo António

Au 1er étage, cette chapelle dédiée au prêtre franciscain saint Antoine de Lisbonne fut commandée par le roi Jean V. La marqueterie au sol, la finesse du bois sculpté et une précieuse crèche du XVIIIe siècle en terre cuite en font un brillant exemple du baroque portugais. Les azulejos bleu et blanc évoquent la vie de saints ermites et les miracles de saint Antoine.

★ À savoir

- Prévoyez 2 à 3 heures pour rendre justice à l'immense collection permanente.
- Audioguide en portugais ou en anglais gratuit.
- Le dimanche, l'entrée est libre jusqu'à 14h, uniquement pour les citoyens et résidents portugais.
- Des billets combinés avec, entre autres, le Panteão Nacional (7 €), auquel on peut ajouter le Museu Nacional de Arte Antiga (15 €), permettent de faire des économies.

Une petite faim ?

Installé dans les anciennes cantines, le **café du musée** (en-cas et plats 5-9 €) ouvre sur une cour verdoyante. Décoré d'azulejos du XIXe siècle aux motifs culinaires, c'est un lieu plaisant pour un café, une crêpe ou une formule déjeuner.

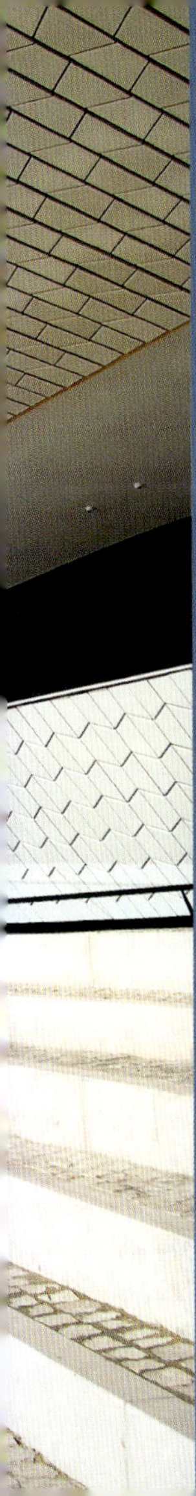

Explorer
Belém

À Belém, la brise de l'Atlantique, les grandioses monuments maritimes et les bateaux voguant dans l'estuaire font remonter à l'époque des explorateurs et des grandes découvertes, du temps où le Portugal possédait des colonies dans le monde entier. Et au crépuscule, quand les touristes s'en vont et qu'une lumière douce teinte les tourelles manuélines du monastère de reflets dorés, ce quartier bordant le Tage s'offrira à vous en toute quiétude.

Comment s'y rendre et circuler

Le moyen le plus simple, le plus rapide et le plus agréable de rejoindre Belém depuis le centre-ville. Le tramway n°15 relie la Praça da Figueira à Belém via Alcântara en 30 minutes environ. Le n°18 circule du Cais do Sodré à Ajuda.

Du centre, le n°28 dessert plusieurs fois par heure Belém via la Praça do Comércio et le Cais do Sodré.

La ligne régionale Comboios de Portugal entre Cais do Sodré et Cascais relie le centre de Lisbonne à Belém en 8 minutes.

Plan du quartier p. 102

Museu de Arte, Arquitetura e Tecnologia (p. 103) DUDLEY WOOD/ALAMY STOCK PHOTO ©

Les incontournables

Mosteiro dos Jerónimos

En 1501, le roi Manuel Ier fit construire cette fantaisie de pierre, née de l'imagination de Diogo de Boitaca, pour saluer les exploits maritimes de Vasco de Gama qui revint chargé de poivre et de cannelle après avoir découvert la route des Indes. Classé au Patrimoine mondial, le monastère des Hiéronymites doit son nom aux moines de l'ordre de Saint-Jérôme qui eurent pour mission spirituelle de prodiguer du réconfort aux marins et de prier pour le salut du roi.

PLAN P. 102, C2

www.mosteirojeronimos.pt

Praça do Império

adulte/enfant 10/5 €, gratuit dim jusqu'à 14h pour les Portugais/ résidents uniquement

10h-18h30 mar-dim juin-sept, 10h-17h30 oct-mai

Igreja Santa Maria de Belém

On pénètre dans l'église par le portail ouest. Les colonnes massives semblent pousser comme des arbres jusqu'au plafond, véritable dentelle de pierre. Le navigateur Vasco de Gama repose dans le chœur inférieur, à gauche de l'entrée, face à Luís Vaz de Camões, poète du XVIe siècle. La vue depuis le balcon du chœur est splendide.

Le cloître

Ce cloître manuélin bordé d'arcades, en pierre couleur miel, foisonne de motifs inspirés de la nature : arcades délicatement festonnées, tourelles en forme de conque marine, colonnes où s'entremêlent feuilles, vignes et nœuds marins. Remarquez les symboles d'époque – la sphère armillaire et la croix de l'Ordre militaire –, ainsi que les gargouilles et les créatures fantastiques ornant la balustrade supérieure. L'aile nord du cloître abrite la dépouille de Fernando Pessoa, figure littéraire majeure du Portugal. Le tombeau, réalisé lors du transfert du corps en 1985, est l'œuvre du maître-sculpteur Lagoa Henriques.

La salle capitulaire et le réfectoire

Un décor de vignes, de fleurs, de chérubins et de bas-reliefs de saint Jérôme et de saint Bernard encadre le portail (XVIe siècle) de la salle capitulaire qui renferme le gisant de l'historien portugais Alexandre Herculano. Sous la voûte du réfectoire, des panneaux d'azulejos du XVIIIe siècle décrivent le Miracle des pains et des poissons et la vie de Joseph. L'éloquent panneau d'António Campelo figure l'Adoration des bergers.

Le portail sud

Richement ouvragé de pinacles et de dentelles de pierre, le portail sud (XVIIe siècle) est l'œuvre de l'architecte João de Castilho. On peut y voir Nossa Senhora de Belém (Notre-Dame de Belém) entourée d'apôtres, de prophètes et d'anges, Henri le Navigateur sur son piédestal et, au-dessus du portail, le tympan illustrant la vie de saint Jérôme.

★ À savoir

- Pour votre visite, privilégiez le matin, lorsque le ciel est dégagé, pour bénéficier des reflets en kaléidoscope du soleil jouant sur les vitraux de l'église.
- Économisez quelques euros en achetant un ticket combiné avec le Museu Nacional de Arqueologia pour 12 €. Entrée gratuite avec la Lisboa Card.
- Venez en tout début ou en fin de journée pour apprécier la sérénité des lieux.

Une petite faim ?

Offrez-vous le légendaire *pastel de Belém* (*pastel de nata*) juste à côté, à l'Antiga Confeitaria de Belém (p. 105).

Le **Banana Cafe** (www.facebook.com/bananacafe.lisboa), a donné une nouvelle vie à l'un des emblématiques wagons de tramway lisboètes. Un lieu décontracté pour boire un café ou une sangria, ou manger sur le pouce.

Les incontournables

Museu Coleção Berardo

Ce musée financé par le milliardaire José Berardo, le plus grand collectionneur d'art du pays, n'a rien à envier à la Tate Modern ou au Guggenheim. Pourtant, il reste encore peu fréquenté par les touristes. Dadaïsme, minimalisme, art cinétique, surréalisme et conceptualisme, œuvres de Picasso, Warhol, Klein, Pollock, Miró, Lichtenstein… l'incroyable collection du musée couvre tous les courants de l'art moderne (1900-1960) et contemporain (1960-2010). Courez-y !

PLAN P. 102, C3

www.museuberardo.pt

Centro Cultural de Belém, Praça do Império

adulte/étudiant/enfant de moins de 6 ans 5/2,50 €/gratuit, gratuit sam

10h-19h

Pop art anglo-américain

Replongez dans les années 1950 et 1960 en admirant des chefs-d'œuvre du pop art des deux côtés de l'Atlantique. Le portrait sur soie de Judy Garland, *Ten Foot Flowers, Campbell's Soup* et la *Brillo Box*, tous de Warhol, volent la vedette. À noter aussi *Picture Emphasising Stillness* de David Hockney et *Interior with Restful Painting* de Lichtenstein.

Cubisme et dadaïsme

La collection Berardo comprend plusieurs œuvres abstraites de Picasso, père du cubisme, dont *Tête de femme* et *Femme dans un fauteuil* datant du début du XXe siècle. On peut aussi voir *Le Porte-Bouteilles* (1914) de Marcel Duchamp, chef de file des dadaïstes, opposés à la guerre et désireux de s'émanciper des formes d'art conventionnel.

Surréalisme

Man Ray et ses œuvres saisissantes aux techniques mixtes (*Café Man Ray, Talking Picture*) partagent l'affiche avec d'autres génies du surréalisme comme Magritte au psychédélique *Gouffre argenté*, Miró (*Figure à la bougie*), Max Ernst et son sombre *Paysage noir* ou Jean Arp et ses *Feuilles placées selon les lois du hasard* en forme de larmes. Dans un autre registre, lorgnez sur les photos monochromes du Lisboète Fernando Lemos.

Sculpture contemporaine

Avant même d'entrer, on est saisi par les plantureuses *Baigneuses* bariolées de Niki de Saint Phalle, le côté à la fois industriel et abstrait d'*Amarração* de Pedro Cabrita Reis et l'étonnante sculpture en bouteilles vertes *Nectar* de Joana Vasconcelo. À l'intérieur, repérez les bronzes d'Antony Gormley, de Barry Flanagan et de Henry Moore.

★ À savoir

- Entrée gratuite le samedi.
- Procurez-vous à l'entrée une brochure gratuite présentant la collection permanente.
- Renseignez-vous en ligne sur les expositions temporaires, organisées au niveau 0.
- Consacrez au moins une ou deux heures à la visite.

Une petite pause ?

Le Centro Cultural de Belém abrite aussi le très branché TOPO Belém (p. 108), pour un en-cas ou un cocktail avec vue sur le Tage.

Cachée dans une petite allée à quelques pas de là, la chaleureuse Enoteca de Belém (p. 107) est l'occasion de boire un bon verre de vin accompagné d'une cuisine portugaise revisitée.

Belém ou l'âge des découvertes

Le quartier de Belém, tourné vers le grand large et bordé d'une architecture manuéline, transporte le promeneur dans le Portugal des grandes découvertes. Cet âge d'or des XVe et XVIe siècles a vu des explorateurs tels que Vasco de Gama et Henri le Navigateur prendre le commandement de puissantes caravelles vers de lointains pays d'or et d'épices. Le Portugal n'était alors qu'une goutte dans l'océan colonial du roi Manuel Ier.

La promenade

Départ Praça do Império ; 15E, 28

Arrivée Torre de Belém ; 15E, 28

Distance 2,5 km ; 1 heure 30

❶ Praça do Império

Même les plus blasés des Lisboètes restent amoureux du panorama qu'offrent le **Mosteiro dos Jerónimos** (p. 96), le **Museu Coleção Berardo** (p. 98) et le Tage depuis cette place majestueuse. Des haies parfaitement taillées bordent la Praça do Império et sa fontaine. Vous y repérerez des symboles de l'âge des découvertes, représentés parmi fleurs et feuillages : ancre ou croix de l'Ordre militaire, par exemple.

Pour faire le plein d'énergie avant la promenade, arrêtez-vous chez **Gelato Davvero** (p. 107) à l'intérieur du **Centro Cultural de Belém** (p. 109), pour une glace à l'italienne parfaitement réussie.

❷ Voies maritimes

Rejoignez la longue digue et sa douce brise. À l'approche du Padrão dos Descobrimentos, découvrez la **carte en mosaïque** retraçant les routes maritimes empruntées par les marins portugais et précisant les dates de colonisation des terres lointaines, des Açores (1427) à Calcutta (1498) et au-delà.

❸ Padrão dos Descobrimentos

Telle une caravelle à l'assaut d'une déferlante, le **Padrão dos Descobrimentos** (p. 105) dépeint, du haut de ses 56 m Henri le Navigateur accompagné de grandes figures de l'exploration portugaise. À la proue, Henri, suivi de Vasco de Gama, Diogo Cão, Magellan et de 29 autres célèbres aventuriers. Montez ses 267 marches (ou prenez l'ascenseur) pour rejoindre le *miradouro* battu par les vents et vous imprégner de la vue à 360°.

❹ Doca do Bom Sucesso

Un peu plus loin le long du Tage, prenez un verre face aux bateaux en observant les oiseaux au Doca do Bom Sucesso. Installez-vous à la terrasse décontractée du **Bar 38° 41'** (p. 108). En bordure de fleuve à Belém, touristes comme Lisboètes se plaisent à assister au ballet humain de la ville. Plongez-vous sinon dans Les Lusiades, poème épique de Luís de Camões relatant les aventures de Vasco de Gama.

❺ Torre de Belém

Si l'histoire vous appelle, retrouvez-la au pied de la **Torre de Belém** (p. 103). Avec sa casemate et ses croisées d'ogives, cet emblème de l'âge des grandes découvertes est aussi celui de l'architecture manuéline.

❻ Rhinocéros égaré

Il faut observer de près la Torre de Belém pour en connaître les secrets. Sous la tour sud se trouve un rhinocéros **gravé dans la pierre** : il s'agit du rhinocéros indien envoyé par Manuel Ier au pape Léon X en signe d'estime. Parti des Indes en 1515, il n'atteignit jamais Rome, coulé en même temps que le bateau qui le transportait. Albrecht Dürer l'a immortalisé dans sa fameuse gravure sur bois.

Nos adresses
Les incontournables p. 96
Voir p. 103
Se restaurer p. 105
Prendre un verre p. 108
Sortir p. 109
Shopping p. 109
A
B
C
D
E
F
1
2
3
4
Palácio Nacional da Ajuda 4
AJUDA
Tv da Memoria
R General João Almeida
R dos Jerónimos
Cç do Galvão
Jardim do Ultramar
Tv do Marta Pinto
Cç da Ajuda
Jardim Botânico Tropical 7
Palácio de Belém 6
Av do Restelo
R Dom Lourenço de Almeida
R Dom Francisco de Almelda
R São Francisco Xavier
13
BELÉM
Mosteiro dos Jerónimos
Museu Nacional de Arqueologia 10
9
Museu de Marinha
Lg dos Jerónimos
11
24
16
R de Belém
R Vieira Portuense
Pç Afonso de Albuquerque
14
R do Embaixador
R da Junqueira
Bike Iberia (4,5 km)
5 Antigo Picadeiro Real
1 Museu Nacional dos Coches
R Tristão da Cunha
R Dom Cristóvão da Gama
R Pedrouços
Av Torre de Belém
R Bartolomeu Dias
23
12
20
Museu Coleção Berardo
22
Pç do Império
Av da Índia
Gare de Belém
Av de Brasília
3 Museu de Arte, Arquitetura e Tecnologia
15
8
Doca de Belém
Padrão dos Descobrimentos
19
18
Doca do Bom Sucesso
21
17
2 Torre de Belém
Tage
0
500 m

Voir

Museu Nacional dos Coches

MUSÉE

1 PLAN P. 102, E3

Ce musée, le plus visité du Portugal, fait la joie des princesses d'un jour avec sa collection unique de 70 carrosses datant des xviie, XVIIIe et XIXe siècles. Dans ce nouveau lieu ultramoderne, on peut ainsi admirer celui du pape Clément XI, impressionnant, ou le carrosse des Océans tout en rouge et or, puis visiter l'ancienne école royale d'équitation, le Picadeiro Real, juste en face. (www.museudoscoches.pt ; Av da Índia 136 ; 8 € ; 10h-18h mar-dim)

Torre de Belém

MONUMENT

2 PLAN P. 102, A4

Nulle part l'appel de l'Atlantique est plus puissant que dans cette forteresse gris perle classée au Patrimoine mondial s'avançant sur le Tage. Prenez votre souffle avant de grimper en haut de la tour afin de profiter de la vue sur Belém et le Tage. (www.torrebelem.pt ; Av Brasília ; adulte/enfant 6/3 €, gratuit dim jusqu'à 14h pour les Portugais/résidents ; 10h-18h30 mar-dim mai-sept, 10h-17h30 oct-avr)

Museu de Arte, Arquitetura e Tecnologia

MUSÉE

3 PLAN P. 102, F3

Ce bâtiment bas, tout en carreaux vitrifiés, est la nouvelle star de Belém. Son agencement labyrinthique conduit les visiteurs à travers les différentes salles d'exposition, qui se trouvent toutes au rez-de-chaussée. On peut y déambuler sur ou sous des jeux de reflets d'eau, d'ombre et de lumière. Le musée célèbre le destin mêlé de la ville et de la mer. (MAAT ; www.maat.pt ; Av Brasília, Central Tejo ; entrée avec/sans Central Tejo 9/5 € ; 11h-19h mer-lun)

Palácio Nacional da Ajuda

PALAIS

4 PLAN P. 102, E1

Construit au début du XIXe siècle, cet imposant édifice de style néoclassique fit office de résidence royale entre les années 1860 et la fin de la monarchie (1910). On peut y visiter les appartements privés et salles d'apparat, avec leur dorures et œuvres délicates vieilles de 500 ans et la chapelle de la reine, renfermant l'unique œuvre du Greco au Portugal. Vous pouvez y grimper depuis Belém, monter à bord du tramway 18E ou prendre différentes lignes de bus depuis le centre-ville, dont le n° 760 depuis Praça do Comércio. (213 637 095 ; www.palacioajuda.gov.pt ; Largo da Ajuda ; adulte/enfant 5 €/gratuit, gratuit dim jusque 14h pour les Portugais/résidents ; 10h-18h jeu-mar)

Antigo Picadeiro Real

MUSÉE

5 PLAN P. 102, E2

Ce qui fut le musée des carrosses de la ville n'abrite aujourd'hui plus que sept de ces bijoux du XVIIIe siècle, mais il vaut aussi le détour pour les moulures et les fresques des anciennes étables royales, bâties par l'architecte italien Giacomo Azzolini en 1726. Le lieu reste plus séduisant et peut-être plus à propos que le monolithique Museu Nacional dos Coches (p. 103) actuel, juste en face. (Ancienne école royale d'équitation ; www.museudoscoches.pt ; Praça Afonso de Albuquerque ; entrée 4 €, avec Museu Nacional dos Coches 10 €, gratuit dim jusque 14h pour les Portugais/résidents ; 🕙10h-18h mar-dim)

Palácio de Belém BÂTIMENT HISTORIQUE

6 ◎ PLAN P. 102, E2

Cet édifice en pierre couleur saumon datant du XVIe siècle est la résidence officielle des président de la République (très peu utilisée). Visites en portugais, français et anglais le samedi uniquement, limitées à 150 personnes (réservez vos places par e-mail bien en avance). Le **Museu da Presidência da República** (plan p. 102, D2 ; www.museu.presidencia.pt ; adulte/enfant 2,50 €/gratuit, avec Palácio de Belém 5 € ; 🕙10h-18h mar-dim), petit mais très bien fait, accueille quant à lui le public presque tous les jours. (Palácio de Belém ; ☎213 614 660 ; www.presidencia.pt ; Praça Afonso de Albuquerque ; tarif plein/enfant 5 €/gratuit ; 🕙10h30-16h30 sam)

Jardim Botânico Tropical JARDINS

7 ◎ PLAN P. 102, D2

Ce jardin botanique de 7 ha compte des centaines de spécimens tropicaux. Par une chaude journée d'été, il constituera un lieu de retraite paisible et ombragé. Ne manquez pas le jardin de Macao,

Torre de Belém (p. 103)

CARLOS CARDOSO/500PX ©

agrémenté d'une petite pagode et de bambous. Les bambins s'amuseront à gambader sur les racines noueuses du banian ou à observer les canards et les oies. (www.iict.pt/jbt ; Largo dos Jerónimos ; adulte/enfant 2/1 € ; ⌚10h-20h mai-août, horaires restreints l'hiver)

Padrão dos Descobrimentos MUSÉE

8 PLAN P. 102, C3

L'imposant Padrão dos Descobrimentos, caravelle figée sur des flots imaginaires, a été inauguré en 1960 à l'occasion des 500 ans de la mort d'Henri le Navigateur. Du haut de ses 56 m, ce mastodonte en roche calcaire donne à voir les héros de l'âge des grandes découvertes. (monument des Découvertes ; www.padraodosdescobrimentos.pt ; Av Brasília ; adulte/enfant 5/2,50 € ; ⌚10h-19h mars-sept, 10h-18h oct-fév)

Museu de Marinha MUSÉE

9 PLAN P. 102, C2

Le Museu de Marinha offre une rétrospective de l'aventure maritime des découvertes avec son armada de maquettes de bateau, ses boulets de canon et ses butins d'épave. Découvrez des trésors comme l'autel portatif en bois de Vasco de Gama, des globes du XVIIe siècle (sans l'Australie) et les riches quartiers privés du yacht royal *Amélia* de fabrication britannique. Un second bâtiment rassemble des canots royaux, des engins utilisés par les pompiers au XIXe siècle et des hydravions. (Musée naval ; ccm.marinha.pt/pt/museu ; Praça do Império ; adulte/enfant 6,50/3,25 €, gratuit 1er dim du mois ; ⌚10h-18h mar-dim mai-sept, 10h-17h oct-avr)

Museu Nacional de Arqueologia MUSÉE

10 PLAN P. 102, C2

Il est situé dans l'aile ouest du Mosteiro dos Jerónimos (p. 96). Les collections du musée national d'Archéologie regroupent des silex du mésolithique, des sarcophages égyptiens savamment peints et leurs momies, de magnifiques bijoux de l'âge du bronze, ainsi que des statues de divinités romaines. (musée national d'Archéologie ; www.museuarqueologia.pt ; Praça do Império ; adulte/enfant 5 €/gratuit, gratuit dim jusqu'à 14h pour les Portugais/résidents ; ⌚10h-18h mar-dim)

Se restaurer

Antiga Confeitaria de Belém PÂTISSERIE **€**

11 PLAN P. 102, D2

Depuis 1837, ce pâtissier transporte les Lisboètes au septième ciel avec ses *pastéis de Belém* (*pastéis de nata*), ces petits flans à la crème et à la pâte feuilletée croustillante, dorés au four puis saupoudrés de cannelle. Régalez-vous de ce petit flan dans la salle décorée d'azulejos ou au comptoir, en essayant d'en deviner la recette jalousement gardée. (Pastéis de Belém ; www.pasteisdebelem.pt ; Rua de Belém 84-92 ; pâtisseries à partir de 1,10 € ; ⌚8h-23h oct-juin, 8h-minuit juil-sept)

L'âge des grandes découvertes

Les XVe et XVIe siècles furent l'âge d'or du Portugal qui de petit royaume devint une grande puissance impériale et la monarchie la plus riche d'Europe. Première d'une longue série, la conquête de Ceuta, au Maroc, par Jean Ier en 1415 constitue un tournant dans l'histoire portugaise.

Richesses manuélines

La principale découverte intervient en 1497, sous le règne de Manuel Ier, quand Vasco de Gama atteint le sud de l'Inde. Le commerce de l'or, des esclaves d'Afrique et des épices d'Orient se révèle hautement lucratif. Ravi de ses découvertes, Manuel Ier lance la construction d'une myriade d'édifices à la gloire de cette époque et, en premier lieu, le Mosteiro dos Jerónimos, à Belém (p. 78), qui lui servira plus tard de panthéon.

L'Espagne entre en jeu

L'Espagne se lance aussi dans l'exploration du monde et ne tarde pas à disputer les prérogatives portugaises. La découverte par Christophe Colomb de l'Amérique en 1492 fait éclater les querelles de jalousie. Le pape y met un terme en 1494 avec le traité de Tordesillas qui partage le Nouveau Monde entre les deux grandes puissances le long d'une ligne à 370 lieues à l'ouest du Cap-Vert.

Voyages épiques

Cette rivalité est à l'origine du premier voyage autour du monde. En 1519, le navigateur portugais Fernand de Magellan, passé au service de l'Espagne après une dispute avec Manuel Ier, part en vue d'apporter la preuve que les "îles des épices" (îles Moluques) se trouvent en terres espagnoles. Il périt aux Philippines en 1521, mais l'un de ses navires atteint les îles avant de rentrer par le cap de Bonne-Espérance, prouvant que la Terre est ronde.

Un navire en perdition

En 1570, le coût pharaonique des expéditions et du maintien d'un empire pèse sur les finances portugaises. La défaite mortelle du roi Sébastien Ier en 1578 à la bataille des Trois Rois marque le début d'une spirale infernale. À la mort du cardinal Henrique, successeur de Sébastien, en 1580, Philippe II d'Espagne prend les armes pour conquérir le trône. C'en est fini de plusieurs siècles d'indépendance et du triomphe du Portugal sur la scène internationale.

Gelato Davvero GLACIER €

12 PLAN P. 102, C3

Les créations de Filippo Licitra laissent parfois circonspect – avocat, saumon, mangue au curry, mais on peut toujours se rabattre sur les classiques. (www.facebook.com/gelatodavvero ; Praça do Império, Centro Cultural de Belém ; petite/moyenne/grande 2/3/4 € ; 12h-20h dim-lun, jusque 21h mar-jeu, jusque 23h ven-sam)

Pastelaria Restelo BOULANGERIE €

13 PLAN P. 102, A2

Mieux connue sous le nom de Pastelaria O Careca (Le chauve) auprès de la population, cette *pastelaria* sans prétention confectionne de délicieux croissants portugais depuis 1954. (www.pastelariaocareca.pt ; Rua Duarte Pacheco Pereira 11D ; croissant 1,20 € ; 8h-20h lun et mer-sam, 8h30-20h dim)

Alecrim & Manjerona CAFÉ €

14 PLAN P. 102, E2

En marge de la foule, Alecrim & Manjerona est une jolie épicerie-traiteur qui fait aussi café et cave à vins. Les gâteaux et tartes maison sont très bons, comme les plats du jour à petit prix. (www.facebook.com/alecrimmanjeronamercearia ; Rua do Embaixador 143 ; snacks et déj 2,75-8 € ; 10h-18h lun-ven)

SUD Lisboa Terrazza ITALIEN €€

15 PLAN P. 102, F3

Ce nouveau venu en bord de Tage permet de bien terminer un après-midi au MAAT, juste à côté. Plats italiens réussis, parfois accompagnés de clins d'œil portugais ou asiatiques (mérou rôti sauce câpres/citron et cake au pak choi, côtelette d'agneau de Nouvelle-Zélande en croûte de fèves de cacao), dans un décor moderne. Dehors, une pergola en bambou décorée de noix de coco. Les cocktails (9-14 €) s'accordent parfaitement avec cet extérieur luxueux. (211 592 702 ; www.sudlisboa.com ; Av Brasília, Pavilhão Poente ; plats 14-32 €, pizzas 14-19 € ; 11h-2h ;)

Enoteca de Belém PORTUGAIS €€

16 PLAN P. 102, D2

Situé dans une rue tranquille, ce bar à vins sert des plats portugais revisités (délicieux calamar, porc ibérique). On les accompagne d'un vin du Douro rouge bien charpenté ou d'un blanc de l'Alentejo rafraîchissant. Le personnel prodigue de bons conseils d'accord mets-vin. (213 631 511 ; www.travessadaermida.com ; Tv Marta Pinto 10 ; plats 17-20 € ; 13h-23h ;)

Darwin's Café CAFÉ €€

17 PLAN P. 102, A4

Ce restaurant savamment organisé autour du thème de l'évolution propose des banquettes circulaires très pratiques pour les grandes tablées et une terrasse en hauteur avec une vue splendide sur le Tage et la tour de Belém. La clientèle, principalement lisboète, est à la pointe de la mode, et les plats

Les pastéis de Belém

L'origine des divins *pastéis de Belém* (ou *pastéis de nata*) remonte à l'existence d'une raffinerie de sucre près du Mosteiro dos Jerónimos au début du XIXe siècle. En 1820, la révolution libérale déferla sur le Portugal, et, dès 1834, tous les monastères furent fermés et les moines expulsés. Pour survivre, certains trouvèrent le salut dans le sucre de la raffinerie, vendant ainsi de petits flans pour subsister : les *pastéis de Belém* étaient nés. La recette secrète, demeurée inchangée depuis, est la preuve que la gourmandise n'est pas un péché.

(pâtes, risottos, etc.) sont raffinés. Champagne servi au verre. (☎210 480 222 ; www.darwincafe.com ; Av Brasília, Ala B ; plats 16,50-26,50 € ; ⏲12h30-16h lun, 12h30-15h30, 16h30-18h30 et 19h30-23h mar-dim)

A Margem FUSION €€

18 PLAN P. 102, B4

Bien placé en bord de fleuve, ce petit cube de verre et pierre blanche baigné de lumière jouit de grandes ouvertures et d'un patio donnant sur le Tage, avec de somptueux couchers de soleil sur la tour de Belém. Le service n'est pas son point fort, mais les gens du coin viennent s'y régaler d'une bonne salade, de fromages, bruschettas et autres plaisirs sur le pouce, accompagné d'un bon verre. N'oubliez pas vos lunettes de soleil. (☎914 736 191 ; www.amargem.com ; Doca do Bom Sucesso ; salades 10-14 €, vins 3,50-5 € ; ⏲10h-1h avr-oct, jusque 19h30 nov-mar)

Feitoria PORTUGAIS MODERNE €€€

19 PLAN P. 102, B4

Le chef étoilé José Rodrigues propose dans son restaurant élégant et contemporain donnant sur le Tage un festival de textures et saveurs. Les trois menus dégustation mettent en avant la richesse culinaire du Portugal. (☎210 400 208 ; www.restaurantefeitoria.com ; Altis Belém Hotel, Doca do Bom Sucesso ; plats 85-135 €, menus dégustation 75-120 €, avec vin 130-195 € ; ⏲19h30-22h lun-sam ; ᯤ)

Prendre un verre

TOPO Belém BAR

20 PLAN P. 102, C3

Après une journée dans les musées, pause détente au Topo, caché au troisième étage du Centro Cultural de Belém. La salle et la terrasse face au Tage offrent un beau décor pour savourer un cocktail (9-10 €) ou un bon plat portugais. (www.topo-lisboa.pt ; Praça do Império, Centro Cultural de Belém ; ⏲12h-minuit dim-jeu, jusqu'à 2h ven-sam ; ᯤ)

Bar 38° 41' BAR

21 PLAN P. 102, B4

Thé, café ou cocktail (8-10 €) à la main, regardez les bateaux passer

Antiga Confeitaria de Belém (p. 105)

depuis ce lounge-bar élégant au bord du fleuve. En été, des DJ montent le son du jeudi au dimanche soir. (☎210 400 210 ; www.altishotels.com ; Altis Belém Hotel, Doca do Bom Sucesso ; 🕐11h-1h)

Sortir

Centro Cultural de Belém — THÉÂTRE

22 ★ PLAN P. 102, C3

Le CCB dispose d'une programmation variée : jazz expérimental, danse contemporaine, théâtre d'avant-garde, concerts de l'Orchestre de chambre du Portugal. Billets en vente au guichet (ouvert de 11h à 20h). (CCB ; ☎213 612 400 ; www.ccb.pt ; 🕐8h-20h lun-ven, 10h-18h sam-dim)

Shopping

Hangar Design Store — DESIGN

23 🔒 PLAN P. 102, C3

Le propriétaire de cette boutique a réuni de belles créations haut de gamme, portugaises ou internationales. (www.hangar.pt ; Rua Bartolomeu Dias, Loja 1, Centro Cultural de Belém ; 🕐11h-19h30)

Original Lisboa — ARTISANAT

24 🔒 PLAN P. 102, D2

Voici l'endroit où dénicher des cadeaux originaux de jeunes designers portugais. Beaux bijoux, sacs décorés de tramways jaunes, objets en liège, dessous-de-verre en azulejos, tableaux ou encore articles de mode. (Rua de Belém 82 ; 🕐11h-19h30 mar-dim)

Explorer

Parque das Nações

Brillant exemple de réhabilitation urbaine, le Parc des Nations a propulsé presque à lui tout seul Lisbonne dans le XXIe siècle depuis l'Expo '98. Des tours miroitantes, des salles de concerts futuristes, mais aussi le plus long pont et le deuxième aquarium d'Europe par la taille s'y dressent au bord de la mer de Paille. Une certaine image du Lisbonne du futur.

Comment s'y rendre et circuler

M La ligne rouge vous conduit rapidement du cœur de Lisbonne à Oriente en 20 minutes environ. Départs fréquents.

Parmi les bus circulant entre le Parque das Nações et le centre, le n°708 dessert Martim Moniz (via l'aéroport).

Plan du Parque das Nações p. 114

Ponte Vasco da Gama (p. 116) OLEDJIO/SHUTTERSTOCK ©

Les incontournables

Oceanário

L'Oceanário abrite plus de 8 000 créatures dans 7 millions de litres d'eau salée. De quoi conquérir enfants et adultes. Requins-taureaux, raies pastenagues, poissons-globes et poissons-lunes nagent dans l'immense bassin central. Macareux, manchots et otaries occupent quant à eux les expos dédiées : Atlantique nord, Antarctique, Pacifique et océan Indien. Tout est fait dans un esprit de conservation et de protection.

PLAN P. 114, C4

www.oceanario.pt

Doca dos Olivais

adulte/enfant 15/10 €, avec exposition temporaire 18/12 €

10h-20h, 10h-19h en hiver

Les loutres du Pacifique

La section Pacifique abrite les superstars de l'aquarium, les loutres de mer Maré et Micas. Le duo fait littéralement fondre le public entre sauts périlleux, nage placide sur le dos et toilettage de fourrure.

L'aquarium central

Jetez-vous à l'eau sans vous mouiller devant cet énorme bassin baptisé "Oceano global". Des requins-zèbres, des poissons-lunes tout ronds, des bancs de néons et des raies mantas – les tapis volants du monde sous-marin – captivent le public.

Une nuit avec les requins

Pourquoi lire des histoires pour coucher les enfants quand on peut les impressionner (et peut-être vous aussi) en dormant à côté du bassin des requins ? Moyennant 60 € par personne, cette rencontre nocturne axée sur la protection de l'espèce permet aussi de profiter de l'Oceanário presque désert le lendemain matin.

Pingouins sur glace

Après avoir observé les manchots de Magellan et les gorfous sauteurs se dandiner et glisser sur la glace de la section Antarctique, descendez au niveau inférieur pour les voir nager gracieusement sous l'eau.

Rencontre sous-marine

Méduses fantomatiques, poulpes géants, dragons de mer feuillus et hippocampes à gros ventre font partie des espèces les plus atypiques des bassins du niveau inférieur. Petite anecdote pour les fans de Nemo : les poissons-clowns sont transsexuels. Le mâle dominant se mue en effet en femelle.

★ À savoir

- Les billets coupe-file s'achètent en ligne.
- Des visites guidées des coulisses de l'aquarium sont proposées.
- N'utilisez pas le flash de votre appareil photo pour éviter d'effrayer les poissons.
- Louez un audioguide qui vous commentera l'exposition au fur et à mesure.
- Programmez votre visite à l'heure du repas des animaux : loutres de mer 10h, 12h45 et 15h15 ; pingouins 10h et 15h ; raies mantas et poissons-lunes 13h ; requins 10h30 lun et ven ; raies pastenagues 11h15 lun, mer et ven.

Une petite faim ?

La pizzeria ZeroZero (p. 116) se trouve juste en face de l'aquarium.

Pour une belle vue sur le Tage et le pont Vasco da Gama, arrêtez-vous au River Lounge (p. 116), à l'autre extrémité du parc des Nations.

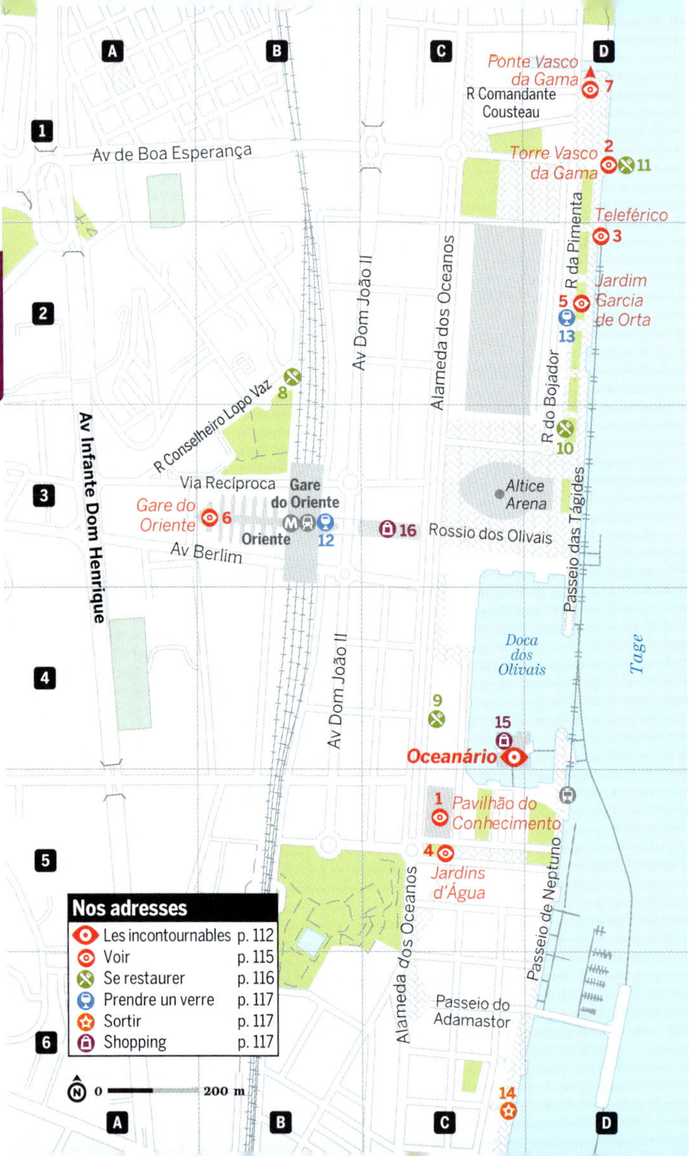
A
B
C
D
1
2
3
4
5
6
Ponte Vasco da Gama 7
R Comandante Cousteau
Av de Boa Esperança
Torre Vasco da Gama 2
11
Teleférico 3
R da Pimenta
Jardim Garcia de Orta
5
13
Av Dom João II
Alameda dos Oceanos
R do Bojador
10
R Conselheiro Lopo Vaz
8
Av Infante Dom Henrique
Via Recíproca
Gare do Oriente
Gare do Oriente 6
Oriente
12
16
Rossio dos Olivais
Altice Arena
Av Berlim
Passeio das Tágides
Doca dos Olivais
Tage
9
15
Oceanário
1 Pavilhão do Conhecimento
4 Jardins d'Água
Passeio de Neptuno
Passeio do Adamastor
14
Nos adresses
Les incontournables p. 112
Voir p. 115
Se restaurer p. 116
Prendre un verre p. 117
Sortir p. 117
Shopping p. 117
0 200 m

Voir

Pavilhão do Conhecimento MUSÉE

1 PLAN P. 114, C5

Le Pavilhão do Conhecimento est un musée interactif où les enfants peuvent courir librement dans une maison inachevée, se donner le vertige sur un vélo fixé à une corde raide ou s'amuser à faire naître des tornades. (Pavillon de la connaissance ; www.pavconhecimento.pt ; Largo José Mariano Gago ; adulte/enfant 9/6 € ; 10h-18h mar-ven, 11h-19h sam-dim ;)

Torre Vasco da Gama TOUR

2 PLAN P. 114, D1

Non, vous n'êtes pas à Dubai ! Conçue par les architectes Leonor Janeiro et Nick Jacobs, cette tour de béton et d'acier haute de 145 m rappelle par sa forme la voile de la puissante caravelle de Vasco de Gama. Le **Myriad by Sana Hotels** (www.myriad.pt ; ch à partir de 171 €), un cinq-étoiles ouvert en 2013, jouxte désormais la tour ; sa conception est signée Nuno Leónidas. La tour n'est pas ouverte au public. (Cais das Naus)

Teleférico TÉLÉPHÉRIQUE

3 PLAN P. 114, D2

Suspendu à 20 m de haut, ce téléphérique reliant la tour Vasco de Gama à l'aquarium offre une vue panoramique sur le Parque das Nações et le Tage scintillant. (Telecabine Lisboa ; www.telecabinelisboa.pt ; Passeio do Tejo ; aller simple adulte/enfant 3,95/2 € ; 10h30-20h juin à mi-sept, 11h-18h ou 19h le reste de l'année)

Jardins d'Água JARDIN AQUATIQUE

4 PLAN P. 114, C5

Ces jardins sur le thème de l'eau sont parfaits pour se rafraîchir l'été. Quand le soleil brille, parents et enfants se font tremper en jouant entre les chutes d'eau, les geysers brumeux et les activités aquatiques interactives. (www.cm-lisboa.pt/equipamentos/equipamento/info/jardins-da-agua ; Rua da Pimenta ; 24h/24 ;)

Jardim Garcia de Orta JARDIN

5 PLAN P. 114, D2

Ce jardin à la végétation foisonnante issue des anciennes colonies portugaises doit son nom au naturaliste et pionnier portugais de la médecine tropicale (1501-1568). Au rang des raretés figurent l'oiseau de paradis et le dragonnier des Canaries. (www.cm-lisboa.pt/equipamentos/equipamento/info/jardim-garcia-de-orta ; Rossio dos Olivais ; entrée libre ; 24h/24 ;)

Gare do Oriente ARCHITECTURE

6 PLAN P. 114, B3

Conçue par l'architecte espagnol Santiago Calatrava, la futuriste Gare do Oriente est une immense construction voûtée, dont les colonnes élancées forment, à leur sommet, un toit en accordéon. (Av Dom João II)

Le coin des restaurants

Brésil, Italie, Inde, Thaïlande, Portugal, le parc des Nations vous sert le monde sur un plateau. Plutôt que de réserver, flânez au bord de l'eau pour faire votre choix. Les restaurants avec terrasse se succèdent sur le Passeio das Tágides et l'Alameda dos Oceanos. La plupart affichent une formule déjeuner intéressante à moins de 10 €. Pour manger sur le pouce, pensez aux fast-foods, aux bars à sushis et aux cafés du **centre commercial Vasco da Gama** (p. 117).

Ponte Vasco da Gama

PONT

7 PLAN P. 114, D1

Le pont le plus long d'Europe (17,2 km) franchit le Tage pour disparaître au loin. (www.lusoponte.pt)

Se restaurer

Casa Bota Feijão

PORTUGAIS €

8 PLAN P. 114, B2

Ne vous fiez pas à la déco peu alléchante et à la vue sur les rails. Lorsqu'un resto un peu isolé ne désemplit pas au déjeuner en semaine, c'est qu'il est validé par les habitants. Tout le monde accourt ici pour une chose : le *leitão* façon *bairrada* – du cochon de lait rôti au feu de bois jusqu'à devenir juteux et fondant, baigné dans une succulente sauce poivrée à l'ail. (218 532 489 ; www.restaurantebotafeijao.pt ; Rua Conselheiro Lopo Vaz 5 ; demi-portion/assiette entière 8,50/12 € ; 8h-20h lun-ven)

ZeroZero

PIZZERIA €€

9 PLAN P. 114, C4

ZeroZero, excellente pizzeria dans une ambiance industriel chic, expose à la vue de tous les bûches qui alimentent les fours à pizzas. Parmi les délices, un jambon de Parme 18 mois d'affinage accompagné de champignons, ou une mozzarella *fior di latte*, des cèpes, *asiago* et crème à la truffe noire. La grande terrasse offre un moment de quiétude en marge du parc des Nations. (218 957 016 ; www.pizzeriazerozero.pt ; Alameda dos Oceanos ; pizzas 9,50-18,50 € ; 12h-minuit dim-jeu, jusqu'à 1h ven-sam ;)

Old House

CHINOIS €€€

10 PLAN P. 114, D3

Voyagez au Sichuan le temps d'un repas dans ce restaurant de chaîne haut de gamme ayant choisi le Parque das Nações pour sa première annexe hors de la mère-patrie. (218 969 075 ; www.theoldhouseportugal.pt ; Rua Pimenta 9 ; plats 9,90-45 € ; 12h-15h et 19h-minuit ;)

River Lounge

MÉDITERRANÉEN €€€

11 PLAN P. 114, D1

Ce restaurant chic aux grandes baies vitrées propose une cuisine de saison, aux accents méditerranéens : homard grillé aux bouchées de fruits d'hiver et poire au curry ou morue et thon en salaison (*muxuma*), purée de céleri, encre de seiche et asperges, entre autres. (☎211 107 600 ; www.myriad.pt ; Cais das Naus, Myriad by Sana Hotels ; plats 19-48 € ; ⏲restaurant 12h30-15h30 et 19h30-22h, bar 9h30-2h ; wifi)

Prendre un verre

Fábrica Coffee Truck
CAFÉ

12 PLAN P. 114, B3

Sous l'auvent de cette camionnette Citroën HY postée devant l'entrée principale de la Gare do Oriente, on sert l'un des meilleurs cafés troisième vague de la ville – fèves d'arabica de source unique d'approvisionnement (Brésil, Éthiopie et Colombie), torréfiées sur place, et cafés préparés par des baristas avertis. (www.fabricacoffeeroasters.com ; Av Dom João II, Gare do Oriente ; ⏲8h-17h lun-ven, 9h-13h sam)

Irish & Co
PUB

13 PLAN P. 114, D2

Ce pub de chaîne sur deux étages est le bar le plus animé des quais. On y trouve de bons petits plats de pub irlandais et de la bière à la pression. Un biplan est suspendu au-dessus de la grande terrasse (la vue sur le fleuve est partiellement masquée par de la végétation). (www.grupodocadesanto.com.pt ; Rua Pimenta 57 ; ⏲12h-2h dim-mer, jusqu'à 3h jeu-sam ; wifi)

Sortir

Teatro Camões
DANSE

14 PLAN P. 114, C6

Il abrite la Companhia Nacional de Bailado (le Ballet national), dirigée par le chorégraphe Paulo Ribeiro. (☎218 923 477 ; www.cnb.pt/teatro-camoes ; Passeio do Neptuno ; ⏲billetterie 13h-17h nov-avr, 14h-18h mai-oct)

Shopping

Oceanário de Lisboa Store
CADEAUX ET SOUVENIRS

15 PLAN P. 114, C4

La très grande boutique de l'aquarium, à l'action écoresponsable, propose vêtements, souvenirs, peluches et autres cadeaux. Elle travaille en partenariat avec des producteurs et artisans locaux. (www.oceanario.pt ; Esplanada Dom Carlos I, Oceanário ; ⏲10h-20h, jusqu'à 19h en hiver)

Centro Vasco da Gama
CENTRE COMMERCIAL

16 PLAN P. 114, C3

Ce centre commercial au toit de verre abrite grands magasins, cinémas et espace de restauration – les restaurants du niveau supérieur ont des terrasses avec vue. (www.centrovascodagama.pt ; Av D João II 40 ; ⏲9h-minuit)

Explorer

Marquês de Pombal, Rato et Saldanha

Tables d'exception, boutiques de créateurs, salles de concerts... les quartiers du nord de Lisbonne possèdent aisément de quoi vous occuper une journée. De charmantes demeures Art nouveau, des jardins soignés et des musées exposant des artistes comme Paula Rego et Rembrandt vous attendent au-delà de l'Avenida da Liberdade arborée. La culture et un certain niveau de vie constituent les maîtres mots de ces quartiers modernes.

Comment s'y rendre et circuler

M Il permet de naviguer aisément entre les différents points d'intérêt, dispersés. Les stations Avenida, Marquês de Pombal, Rato, São Sebastião et Parque, sur les lignes jaune et bleu, s'avèrent utiles. Pour vous rendre d'un lieu à un autre, investissez dans un pass Carris/Métro 24h.

L'Aero marque l'arrêt à Marquês de Pombal et Avenida da Liberdade sur son trajet vers/depuis l'aéroport.

Plan de Marquês de Pombal, Rato et Saldanha p. 122

Praça Marquês de Pombal © GUSTAVO FRAZAO/SHUTTERSTOCK

Les incontournables

Museu Calouste Gulbenkian

Ce musée réunit une collection d'art occidental et oriental réputée pour sa qualité et sa variété. On peut facilement passer une demi-journée à découvrir, par ordre chronologique, les trésors des beaux-arts et des arts décoratifs que le riche collectionneur d'art Calouste Sarkis Gulbenkian (1869-1955) a amassés au fil de ses voyages internationaux – un trésor d'arts décoratifs et beaux-arts.

PLAN P. 122, C1

www.gulbenkian.pt

Av de Berna 45A

Billet combiné Coleção do Fundador/Coleção Moderna adulte/enfant 11,50 €/gratuit, gratuit dim à partir de 14h

10h-18h mer-lun

Les grands maîtres hollandais et flamands

Admirez les chefs-d'œuvre du XVIIe siècle, le *Portrait d'un vieil homme* en clair-obscur de Rembrandt ou les folles *Amours des centaures* et la biblique *Fuite en Égypte* de Rubens. Les paysages norvégiens orageux de Ruysdael et les portraits de Van Dyck font partie des autres temps forts.

Les bijoux de René Lalique

Une salle entière sert d'écrin aux bijoux et aux objets en verre Art nouveau finement travaillés de René Lalique. Ses diadèmes, ses peignes, ses coupes et ses bracelets aux motifs végétaux sertis de perles et d'opales baroques font rêver.

Les chefs-d'œuvre du XIXe siècle

Cette section fait la part belle à de grands peintres français et anglais tels Manet (*Les Bulles de savon*), Monet (*Le Dégel*) et Turner (*Le Naufrage du Minotaure*). Prêtez attention aussi aux portraits impressionnistes de Degas, aux paysages de Théodore Rousseau et au très sensuel *Éternel Printemps* sculpté par Rodin.

L'art égyptien et gréco-romain

Les masques dorés de momies, les bronzes de félins et les bas-reliefs de pharaons de la collection égyptienne offrent une plongée dans cette période de l'histoire. Viennent ensuite les pièces de monnaie, les médaillons grecs, ainsi que les céramiques et les verres romains de la salle gréco-romaine.

L'art islamique

Les tapis persans, les kilims et les brocarts aux riches nuances et aux motifs géométriques saisissants datent essentiellement des XVe et XVIe siècles. Ils côtoient de la faïence ottomane, des carrelages décoratifs et des lampes de mosquées égyptiennes.

★ À savoir

- L'accès aux collections permanentes est libre le dimanche après 14h.
- Visites guidées (16 €) en français tlj à 10h et 18h.
- Le site web recense les manifestations destinées aux enfants et aux familles.
- Des audioguides en français sont disponibles à la location (4 €).

Une petite faim ?

Pour une douceur, rendez-vous à... Versailles (p. 126) non loin de là, pâtisserie aux allures royales.

La halle de restauration Gourmet Experience (p. 126) au sein d'El Corte Inglés propose des repas rapides et succulents réalisés par des chefs ibériques étoilés comme José Avillez et Henrique Sá Pessoa.

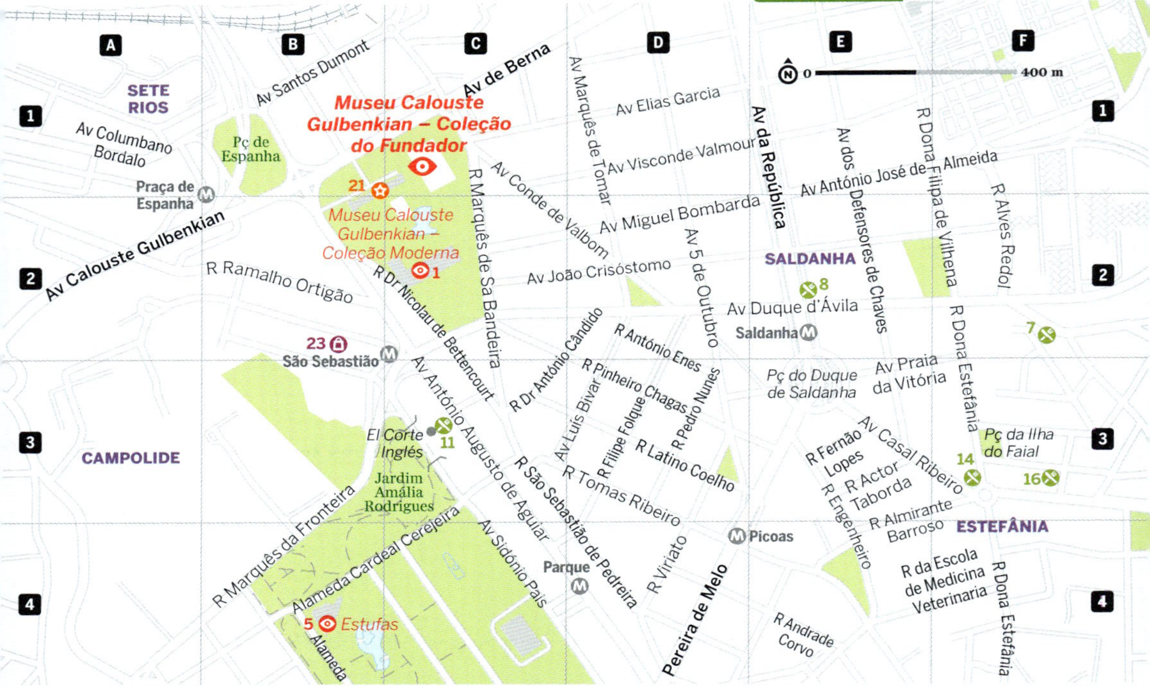
A
B
C
D
E
F
1
2
3
4
0
400 m
SETE RIOS
Av Columbano Bordalo
Praça de Espanha
Pç de Espanha
Av Santos Dumont
Museu Calouste Gulbenkian – Coleção do Fundador
21
Museu Calouste Gulbenkian – Coleção Moderna
1
Av de Berna
Av Calouste Gulbenkian
R Ramalho Ortigão
R Dr Nicolau de Bettencourt
R Marquês de Sa Bandeira
Av Conde de Valbom
Av Marquês de Tomar
Av Elias Garcia
Av Visconde Valmour
Av Miguel Bombarda
Av João Crisóstomo
Av 5 de Outubro
Av da República
Av António José de Almeida
Av dos Defensores de Chaves
R Dona Filipa de Vilhena
R Alves Redol
SALDANHA
8
Av Duque d'Ávila
Saldanha
7
23
São Sebastião
Av António Augusto de Aguiar
R Dr António Cândido
R António Enes
R Pinheiro Chagas
R Pedro Nunes
Av Luís Bivar
R Filipe Folque
R Latino Coelho
R Tomas Ribeiro
R São Sebastião de Pedreira
R Viriato
Pereira de Melo
Picoas
Parque
Pç do Duque de Saldanha
Av Praia da Vitória
R Dona Estefânia
Pç da Ilha do Faial
14
16
R Fernão Lopes
Av Casal Ribeiro
R Actor Taborda
R Engenheiro
R Almirante Barroso
ESTEFÂNIA
R da Escola de Medicina Veterinaria
R Andrade Corvo
CAMPOLIDE
El Corte Inglés
11
Jardim Amália Rodrigues
R Marquês da Fronteira
Alameda Cardeal Cerejeira
Av Sidónio Pais
5
Estufas
Alameda

Nos adresses
Les incontournables p. 120
Voir p. 124
Se restaurer p. 125
Prendre un verre p. 128
Sortir p. 129
Shopping p. 129
Av da Liberdade
R de Joaquim António Aguiar
Av Fontes
Av Duarte Pacheco
Marquês de Pombal
Avenida
Restauradores
Rato
RATO
Parque Eduardo VII
Jardim Botânico
Casa-Museu Medeiros e Almeida
Mãe d'Água
Campo dos Mártires da Pátria
Pç da Alegria
Pç das Amoreiras
R Gomes Freire
R Luciano Cordeiro
R Bernardim Ribeiro
R Gonçales Crespo
R do Conde de Redondo
Av Duque de Loulé
R Camilo Castelo Branco
R Rodrigues Sampaio
R de Santa Marta
R do Pasadiço
R de Santo António
R do Telhal
R de São José
R das Portas de Santo Antão
R dos Condes
R da Glória
R da Conceição da Glória
R Mãe d'Água
R da Alegria
R da Escola Politécnica
R Gustavo de Matos Sequeira
R do Arco a São Mamede
R Nova de São Mamede
R do Salitre
R Barata Salgueiro
R Rosa Araújo
R do Vale Pereiro
R Alexandre Herculano
R Mouzinho da Silveira
R Duque de Palmela
R Castilho
R Artilharia 1
R São Felipe Nery
Tv das Amoreiras
R das Amoreiras
Lg do Rato
R de São Bento
R Dom João V
R do Sol ao Rato
R Rodrigo da Fonseca
R Artilharia 1
R Castilho
Edgar Cardoso
A
B
C
D
E
F
5
6
7
8
2
3
4
6
9
10
12
13
15
17
18
19
20
22
24

Voir

Museu Calouste Gulbenkian – Coleção Moderna
MUSÉE

1 PLAN P. 122, C2

Au cœur d'un jardin décoré de statues, la Coleção Moderna présente une très belle sélection d'art portugais et du monde entier du siècle dernier. (Collection moderne ; www.gulbenkian.pt ; Av de Berna 45A ; billet combiné Coleção Moderna/Coleção do Fundador plein/enfant 11,50 €/gratuit, expos temporaires 3-6 €, gratuit dim à partir de 14h ; 10h-18h mer-lun)

Casa-Museu Medeiros e Almeida
MAISON-MUSÉE

2 PLAN P. 122, D7

Cette demeure, bâtie au début des années 1800, abrite un musée peu connu où est exposée la splendide collection d'art d'António Medeiros e Almeida. Céramiques Han et porcelaines des dynasties Ming et Qing, tableaux de Thomas Gainsborough, service de table ayant appartenu à Napoléon, montres et horloges (plus de 300 !) comptent parmi les trésors qu'elle renferme. (www.casa-museumedeirosealmeida.pt ; Rua Rosa Araújo 41 ; adulte/enfant 5 €/gratuit, gratuit 10h-13h sam ; 10h-17h lun-sam)

Entrée gratuite au musée

Planifiez vos visites de musées et de galeries le week-end. Les deux musées du Museu Calouste Gulbenkian (Coleção do Fundador et Coleção Moderna) sont gratuits le dimanche après 14h. La Casa-Museu Medeiros e Almeida est quant à lui gratuite le samedi de 10h à 13h.

Mãe d'Água
ÉDIFICE HISTORIQUE

3 PLAN P. 122, B7

Le roi posa la dernière pierre de l'aqueduc dans cet immense réservoir de 5 500 m^3 baptisé "Mère de l'Eau". Terminée en 1834, la salle du réservoir, fraîche et bruissante d'échos, est un exemple des technologies du XIXe siècle. En haut de l'escalier, la vue est imprenable sur l'aqueduc et le quartier environnant. L'entrée est à 5 € lors des expositions. (www.epal.pt ; Praça das Amoreiras 10 ; adulte/enfant 3/1,50 €, dim gratuit ; 10h-12h30 et 13h30-17h30 mar-dim)

Parque Eduardo VII
PARC

4 PLAN P. 122, C5

Cette oasis urbaine doit son nom britannique à Sa Majesté Édouard VII qui visita Lisbonne en 1903. Les pelouses en pente douce offrent une vue dégagée sur la Praça Marquês de Pombal embouteillée et le Tage. (Alameda Edgar Cardoso ; entrée libre ; 24h/24)

Estufas
SERRES

5 PLAN P. 122, B4

Nichées dans un recoin du parc Eduardo VII, ces trois serres font

ILLPAXPHOTOMATIC/SHUTTERSTOCK ©

Mãe d'Água

le bonheur des plantes : fougères arborescentes et camélias dans l'*estufa fría* (serre froide), caféiers et manguiers dans l'*estufa quente* (serre chaude) et cactus dans l'*estufa doce* (serre tempérée). (serres ; estufafria.cm-lisboa.pt ; Parque Eduardo VII ; adulte/enfant 3,10/2,33 €, dim 9h-14h gratuit ; 10h-19h avr-oct, 9h-17h nov-mars)

Jardim Botânico JARDIN

6 PLAN P. 122, D8

Le Jardim Botânico est un havre de nature foisonnante abritant plus de 1 500 espèces. Il a bénéficié d'une rénovation à grands frais et possède un tout nouvel amphithéâtre. Géraniums de Madère, séquoias, jacarandas pourpres... À l'entrée (jardin supérieur), un immense figuier australien. Jetez un coup d'œil à la serre aux papillons. (Jardin botanique ; www.museus.ulisboa.pt ; Rua da Escola Politécnica 58 ; adulte/enfant 2/1 € ; jardins 9h-20h, serre à papillons 10h-17h mar-ven, 11h-18h sam-dim)

Se restaurer

Tasca Fit CUISINE SAINE €

7 PLAN P. 122, F2

Ce restaurant spacieux aux couleurs vives sert des assiettes saines et généreuses à prix abordable. L'un des rares du coin à proposer des plats végétariens, et des crêpes de tapioca façon brésilienne. (www.tascafit.pt ; Rua Visconde de Santarém 69B ; plats 6-12 € ; 8h-23h lun-ven, 11h-2h sam ;)

Versailles

PÂTISSERIES **€**

8 PLAN P. 122, E2

Avec son lustre en marbre et ses glaçages dignes des plus belles moulures, cette très bonne pâtisserie accueille une bourgeoise avide de bavardages et de gâteaux à la crème, expressos, *sortidos Húngaros* (biscuits nappés de chocolat) et gâteau au chocolat maison (royalement bon !). (Av da República 15A ; pâtisseries 0,85-2,30 € ; 7h30-23h45 ;)

Avenida SushiCafé

JAPONAIS **€€**

9 PLAN P. 122, D7

Derrière cette enseigne de chaîne se cache le chef Daniel Rente, qui sait de quoi il parle en matière de cuisine japonaise et fusion. Une très bonne surprise. (211 928 158 ; www.sushicafe.pt ; Rua Barata Salgueiro 28 ; menu dégustation 65 €, plats 4,80-22 € ; 12h30-16h30 et 18h-22h lun-mer, jusqu'à 1h jeu-ven, 12h30-1h sam ;)

Forno d'Oro

PIZZERIA **€€**

10 PLAN P. 122, C6

Ce "four d'or" porte bien son nom : ses divines pizzas sortent d'un âtre en céramique dorée. La mozzarella di bufala, la burrata et les autres ingrédients italiens sont certifiés AOP. Des recettes de saison permette de sortir des sentiers battus. (213 879 944 ; www.fornodoro.pt ; Rua Artilharia 1 16B ; pizzas 10,50-19,95 € ; 12h-15h et 19h-23h ;)

Gourmet Experience

HALLE DE RESTAURATION **€€**

11 PLAN P. 122, C3

Le 7ᵉ étage du grand magasin le plus chic de Lisbonne est désormais bien occupé : depuis 2017, il fait office d'immense salle de jeux pour les chefs portugais et espagnols. (www.elcorteingles.pt/gourmet-experience ; Av António Augusto de Aguiar 31, El Corte Inglés ; plats 8-27,50 € ; 10h-minuit dim-jeu, jusqu'à 1h ven-sam ;)

Jesus é Goês

INDIEN **€€**

12 PLAN P. 122, E8

L'une des bonnes adresses indiennes de la ville. Le chef, Jesus Lee, confectionne a des recettes tout droit venues de Goa, version contemporaine. Nappe en toile de sac de riz et fresques colorées plantent le décor pour une assiette de beignets d'oignon, coriandre et pois chiches ou de *puri bhaji* (pain frit et pommes de terre) en entrée, suivie d'un curry de champignons/châtaignes ou de crevettes, ou bien de viande de chèvre aux 11 épices. Furieusement bon. Réservez votre table bien à l'avance. Espèces uniquement. (211 545 812 ; Rua de São José 23 ; plats 8-18,50 € ; 12h-15h et 19h-23h mar-sam ;)

Cervejaria Ribadouro

PRODUITS DE LA MER **€€**

13 PLAN P. 122, E7

Ce bar à bières très lumineux, bruyant et bondé, doit son succès à ses fruits de mer. Certains

L'aqueduc "des eaux libres"

Les 109 arches de l'**Aqueduto das Águas Livres** enjambent les collines de Lisbonne jusqu'à Caneças, à plus de 18 km de là. Elles sont particulièrement spectaculaires à Campolide, où l'arche la plus haute culmine à 65 m. Érigé entre 1728 et 1835 sur décision de Jean V, cet aqueduc, véritable chef-d'œuvre d'ingénierie, fit arriver l'eau potable à Lisbonne. Mais il a aussi une triste réputation. C'est ici que le meurtrier en série Diogo Alves poussait ses victimes dans le vide au XIXe siècle, ce qui explique pourquoi on ferma l'aqueduc au public peu de temps après.

habitués se fraient un chemin vers le comptoir, commandent leur crevettes et *tremoços* (graines de lupin) avec une *imperial* (pression) bien fraîche, et s'en vont comme ils sont venus. Sortis de l'aquarium, les crustacés sont pesés puis cuisinés à la perfection. (213 549 411 ; www.cervejariaribadouro.pt ; Rua do Salitre 2 ; plats 11-30 €, fruits de mer 42,50-147 €/kg ; 12h-1h30 ;)

Zaafran

INDIEN **€€**

14 PLAN P. 122, F3

Ce restaurant, tenu par des Indiens ayant grandi au Mozambique, sert des assiettes à prix abordable et offre une alternative aux *halles de restauration* des centres commerciaux environnants. Au déjeuner, le *thali*sare (à partir de 9,90 €) est préparé dans la plus pure tradition indienne, les sauces épicées comme il faut et les influences du Mozambique, notamment dans les plats à base de crevettes et spécialités comme le curry à la cacahuète, apportent une originalité bienvenue à la carte. (213 558 894 ; Largo Dona Estefânia 7 ; plats 9-17,50 € ; 12h-15h et 19h30-23h lun-sam ;)

Os Tibetanos

VÉGÉTARIEN **€€**

15 PLAN P. 122, D7

Os Tibetanos est le temple herbivore le plus ancien de la ville. Il dépend d'une école tibétaine bouddhique. Son mantra : cuisine végétarienne 100% fraîcheur. En plat du jour, on peut par exemple savourer une quiche ou un curry. S'il fait beau, installez-vous dans la cour, au calme, et gardez un peu de place pour la glace aux pétales de rose. (213 142 038 ; www.tibetanos.com ; Rua do Salitre 117 ; plats 10-13 € ; 12h15-14h45 et 19h30-22h30 dim-ven, 12h30-15h30 et 20h-23h sam ;)

Horta dos Brunos

PORTUGAIS **€€€**

16 PLAN P. 122, F3

Le restaurant du chef Pedro Filipe, gourmet sans le dire et assez méconnu, remporte un franc succès auprès des sphères politiques et des "gastronautes". La cuisine de Horta dos Brunos est délicieuse. Posez la carte et laissez-vous guider par les conseils du jour du serveur : thon, seiche *lagareiro* et côtelettes d'agneaux. Un régal pour les papilles et les yeux. Belle carte de vins français. (☎213 153 421 ; Rua Ilha do Pico 27 ; plats 25-30 € ; ⏱12h-15h et 19h-23h lun-sam)

Prendre un verre

Red Frog

BAR À COCKTAILS

17 PLAN P. 122, E7

Ambiance bar clandestin pour le Red Frog, auquel on accède grâce à une sonnette. Bienvenue dans un univers sophistiqué de cocktails maison, avec les tenues et bonnes manières assorties. (www.facebook.com/redfrogspeakeasy ; Rua do Salitre 5A ; ⏱18h-2h lun-jeu, jusqu'à 3h ven-sam)

Sky Bar

BAR

18 PLAN P. 122, D7

Quelle vue ! Ce bar en hauteur au sein du Tivoli jouit d'une splendide terrasse, aux alcôves blanches épurées, où savourer un cocktail à prix d'or (12 à 17 €) et le panorama sur Lisbonne en bonne compagnie. (www.skybarrooftop.com ; Av da Liberdade 185, 9e ét., Hotel Tivoli Lisboa ; ⏱17h-1h avr-sept, 16h-minuit oct-mars)

La Ronera

BAR

19 PLAN P. 122, E8

Ce bar minuscule est tenu par des expatriés vénézuéliens ayant le sens de la fête. Ambiance latine

Avenida da Liberdade

hors des habitudes lisboètes, avec du rhum venu du Vénézuela, d'Amérique Centrale et du Sud, des Caraïbes... (www.facebook.com/laroneralx ; Rua de São José 43 ; 17h-minuit lun-jeu, jusqu'à 2h ven-sam)

JNcQUOI Delibar BAR À COCKTAILS

20 PLAN P. 122, E7

Ce bar élégant colle bien avec son adresse chic. Situé sous le restaurant éponyme, il accueille une clientèle bien née autour de son comptoir en marbre où sont proposés de petits mets de luxe (huîtres, caviar) et bons spiritueux. (www.jncquoi.com ; Av da Liberdade 182-184 ; 10h-minuit dim-mer, jusqu'à 2h jeu-sam ;)

Sortir

Fundação Calouste Gulbenkian MUSIQUE CLASSIQUE, BALLET

21 PLAN P. 122, B1

Cette salle, résidence de l'orchestre Gulbenkian, accueille des concerts et des ballets classiques de qualité. (217 823 000 ; www.gulbenkian.pt ; Av de Berna 45A)

Shopping

Carbono MUSIQUE

22 PLAN P. 122, F7

Difficile de ne pas craquer face à cette impressionnante collection de CD et de vynils neufs et d'occasion. (www.carbono.com.pt ; Rua Duque de Palmela 4 ; 9h30-19h30 lun-ven, 10h-14h sam)

L'Avenida da Liberdade

Cette allée bordée d'arbres aménagée au XIXe siècle se déroule tel un ruban élégant sur 1 100 m, entre Praça dos Restauradores au sud et le rond-point animé de Marquês de Pombal au nord. Un grand classique des promenades lisboètes, jalonné de grands hôtels, cafés et boutiques de créateurs.

House of Eleh CHAUSSURES

23 PLAN P. 122, B2

Eleh est l'un des plus anciens chausseurs (à partir de 200 €) pour dames au monde. On y réalise des modèles depuis 1840. Huit générations plus tard, Helena Amante dirige l'enseigne qui propose des collections d'inspiration cosmopolite, comme par exemple les chaussures d'été plates aux motifs indo-portugais et les boots d'hiver recouvertes de *manta* (tissus en laine) de l'Alentejo. (211 922 424 ; www.eleh.eu ; Av Ressano Garcia 11F ; sur rendez-vous)

Fátima Lopes MODE ET ACCESSOIRES

24 PLAN P. 122, D6

Fátima Lopes propose une impeccable collection de vêtements d'inspiration latine, costumes élégants ou robes de soirée à paillettes. (213 240 550 ; www.fatimalopes.com ; Rua Rodrigues Sampaio 96 ; 9h-18h lun-ven)

Explorer
Estrela, Lapa et Alcântara

Les quartiers calmes et arborés d'Estrela et de Lapa invitent à sortir des sentiers battus pour découvrir leurs places bordées de cafés, leurs allées avec vue sur le Tage et leurs rues bourgeoises jalonnées d'édifices du XVIIIe siècle abritant antiquaires, boutiques et galeries. Le long du Tage, Alcântara marque un certain renouveau lisboète : ses anciens entrepôts industriels sont devenus autant de bars, boîtes et restaurants branchés.

Comment s'y rendre et circuler

Les lignes n°15 depuis la Praça da Figueira et n°18 depuis le Cais do Sodré desservent Santos et Alcântara. Le tramway n°25 sillonne Santos, Lapa et Estrela, le n°28 est pratique pour Estrela.

Les bus n°713 (Arco do Cego-Estação Campolide) et 727 (Estação Roma-Areeiro-Restelo) s'arrêtent à Estrela, Lapa et Alcântara. Le bus n°712 dessert Alcântara.

Plan d'Estrela, Lapa et Alcântara p. 134

Jardim da Estrela (p. 136) © RADU BERCAN/SHUTTERSTOCK

Les incontournables

Museu Nacional de Arte Antiga

Un ancien palais des comtes d'Alvor (XVIIe siècle) surplombant joliment le Tage sert idéalement de cadre majestueux au principal musée d'art ancien de Lisbonne. Sa collection exceptionnelle – porcelaine Ming ou de Meissen, sculptures portugaises, tapisserie de Beauvais, argenterie baroque, paravents japonais – retrace l'histoire des beaux-arts et des arts décoratifs du Moyen Âge au XIXe siècle.

PLAN P. 134, E4

Musée d'Art ancien

www.museudearteantiga.pt

Rua das Janelas Verdes

adulte/enfant 6 €/gratuit, avec expositions thématiques 10 €/gratuit

10h-18h mar-dim

Le Polyptyque de saint Vincent

Couvrant tout un mur (salle 12, 3e étage), le *Polyptyque de saint Vincent* (1470) fait la fierté du musée. Attribué à Nuno Gonçalves, le peintre du roi Alphonse V, il illustre de manière saisissante l'Adoration de saint Vincent.

La collection d'orfèvrerie et d'argenterie

La salle 29 renferme les deux merveilles de la collection d'orfèvrerie et d'argenterie. La première, l'ostensoir de Belém (1506), a été réalisée par Gil Vicente avec l'or rapporté par Vasco de Gama de son second voyage en Inde. Il s'orne de sphères armillaires et des figurines des 12 apôtres. Tout aussi remarquable, la croix de procession (1214) du roi Sanche Ier est finement gravée et sertie de perles et de saphirs.

La peinture européenne

Axée sur la peinture religieuse, la collection européenne recèle des œuvres majeures du XIVe au XIXe siècle. Deux d'entre elles se distinguent particulièrement, le *Saint Jérôme* (1521) en clair-obscur d'Albrecht Dürer, chef-d'œuvre de la Renaissance, et *La Tentation de saint Antoine* (1500) de Jérôme Bosch, un triptyque plein de dévotion. On y voit l'ermite attaqué par des démons et faisant face à des péchés comme la gourmandise et l'abandon de la foi.

L'art oriental et les faïences

De superbes coffres indiens du XVIe siècle incrustés de nacre, de la porcelaine Ming et des carreaux de faïence géométriques syriens et turcs méritent le coup d'œil au 2e étage. Autres incontournables, les paravents japonais aux jolies dorures décrivent l'arrivée en 1543 au Japon des *Namban* ("barbares du Sud"), c'est-à-dire des explorateurs portugais qui choquèrent les habitants par leur comportement grossier.

★ À savoir

- Consacrez au moins 2 heures à ce vaste musée et procurez-vous un plan à l'entrée pour repérer ce que vous désirez voir.
- Venez tôt ou tard pour éviter la foule.
- Depuis une autre entrée Rua das Janelas, on accède à des expositions temporaires qui tournent tous les 6 mois (entrée en supplément, environ 6 €).

Une petite faim ?

À proximité immédiate, Le Chat (p. 140) permet de se désaltérer et de grignoter en terrasse avec une jolie vue sur le fleuve.

Au Quimera Brewpub (p. 140), 800 m plus à l'ouest, on boit bières artisanales et cocktails dans un tunnel en pierre pour carrosses datant du XVIIIe siècle.

A
B
C
D
1
2
3
4
5
6
Parque Florestal de Monsanto
Av da Ponte
Av de Ceuta
Tapada das Necessidades
ALCÂNTARA
Acesso a Ponte
Pç Gen de Domingos Oliveira
Cç das Necessidades
R do
R Ribeiro Sanches
Av Infante Santo
Cç da Tapada
R dos Lusiadas
R de Alcântara
Lg do Calvario
R João de Oliveira Miguens
R Prior do Crato
17
R do Arco
R Rodrigues de Faria
Av 24 de Julho
R Primeiro de Maio
LX Factory
13
22
15
R de Cascais
Av da Índia
5 Museu do Oriente
Gare d'Alcântara-Mar
19
Cafetaria Village
Av de Brasília
7 Experiência Pilar 7
6 Doca de Santo Amaro
Doca de Santo Amaro
9 Ponte 25 de Abril

E
F
G
H
1
2
3
4
5
6
Casa Fernando Pessoa 8
R de São Jorge
Jardim da Estrela 2
Casa Museu de Amália Rodrigues 4
R dos Prazeres
R de São Bento
R de Santo Amaro
R da Imprensa
R do Patrocínio
R da Estrela
Pç da Estrela
R de São Bernardo
Basílica da Estrela 1
ESTRELA
16
Tv Santa Teresa
R Academia Ciências
Lg de Jesus
Cç da Estrela
14
R dos Navegantes
R da Bela Vista a Lapa
R de Borges Carneiro
Av Infante Santo
R de Buenos Aires
R de Sant'ana à Lapa
R dos Polais de São Bento
R do Poço dos Negros
20
R do Meio à Lapa
R do Quelhas
R da Lapa
12
R das Trinas
R de São Domingos
R dos Remédios
R das Praças
MADRAGOA
Museu da Marioneta 3
11
R da Esperança
Av Dom Carlos I
R da Silva
Lg do Conde Barão
22
R da Boavista
R Dom Luis I
Cç Marquês de Abrantes
R do Sacremento a Lapa
LAPA
Pau de Bandeira
R Garcia da Horta
R de Santos-o-Velho
Lg de Santos
Cç Ribeiro Santos
Av 24 de Julho
Gare de Santos
R do Conde
R das Janelas Verdes
Cais da Viscondessa
23
R do Olival
R Presidente Arriaga
Museu Nacional de Arte Antiga
18
Av 24 de Julho
Av de Brasília
Doca de Alcântara
10
Tage
Nos adresses
Les incontournables p. 132
Voir p. 136
Se restaurer p. 138
Prendre un verre p. 140
Sortir p. 140
Shopping p. 141
N
0
500 m

Voir

Basílica da Estrela

ÉGLISE

1 PLAN P. 134, F2

Le dôme blanc et les beffrois jumeaux de cette superbe basilique néoclassique achevée en 1790 se voient de loin. L'intérieur, où résonne chaque bruit, est dominé de marbre rose et noir créant un effet kaléidoscopique lorsqu'on regarde fixement la coupole.
La reine Marie Ire (qui repose ici) ordonna sa construction pour remercier Dieu de la naissance d'un héritier mâle. (Praça da Estrela ; basilique entrée libre, scène de la nativité 2 €, toit-terrasse 3 € ; basilique 9h30-13h et 15h-19h30, terrasse 10h-18h40, nativité 10h-11h30 et 15h-17h, fermé lun, sam et dim matin, mer après-midi)

Jardim da Estrela

JARDIN

2 PLAN P. 134, F1

Besoin d'une pause nature ? Face à la Basílica da Estrela, cet espace vert aménagé en 1852 est idéal pour une promenade entre les pins, araucarias du Chili, palmiers et autres parterres de roses et de cactus. Au centre du jardin, un gigantesque banian. Les enfants apprécieront les mares aux canards et l'aire de jeux sur le thème des animaux. Plusieurs cafés en plein air permettent de reprendre des forces. (Praça da Estrela ; gratuit ; 7h-minuit ;)

Museu da Marioneta

MUSÉE

3 PLAN P. 134, G3

Véritable atelier de Geppetto, le musée de la Marionnette occupe

Doca de Santo Amaro

MASSIMO BORCHI/ATLANTIDE PHOTOTRAVEL/GETTY IMAGES ©

l'ancien Convento das Bernardas du XVIIe siècle. Aux côtés de stars comme Punch (un Guignol britannique) et son équivalent portugais Dom Roberto figurent des pièces rares : des marionnettes d'eau vietnamiennes, des marionnettes d'opéra siciliennes et des théâtres d'ombres birmans magnifiquement ouvragés. Explorez l'excellente exposition dédiée à la réalisation du film d'animation *A Suspeita*. (www.museudamarioneta.pt ; Rua da Esperança 146 ; adulte/enfant 5/3 €, gratuit avant 12h le dim ; 10h-18h mar-dim ;)

Casa Museu de Amália Rodrigues MUSÉE

4 PLAN P. 134, G1

La maison-musée d'Amália Rodrigues célèbre l'immense *rainha do fado* (reine du fado) qui vécut ici. Repérez la *calçada portuguesa* (chaussée portugaise, à motifs) annonçant "Amália". Une visite guidée permet de voir portraits et robes de scène, et d'écouter des enregistrements. (www.amaliarodrigues.pt ; Rua de São Bento 193 ; tarif plein/-5 ans 6 €/gratuit ; 10h-18h)

Museu do Oriente MUSÉE

5 PLAN P. 134, C5

Superbement conçu, le musée de l'Orient met en lumière les rapports que le Portugal a entretenus avec l'Asie, qu'il s'agisse des débuts de la politique coloniale à Macao comme du culte des ancêtres. Il occupe un ancien entrepôt de *bacalhau* (morue) des années 1940. La collection permanente s'intéresse plus particulièrement à la présence portugaise en Asie et aux dieux asiatiques. (www.museudooriente.pt ; Doca de Alcântara ; adulte/enfant 6/2 €, gratuit 18h-22h ven ; 10h-18h mar-jeu, sam-dim, 10h-22h ven)

Promenade le long du fleuve

Le Tage, entre la Torre de Belém et le Doca de Santo Amaro (et au-delà), offre certaines des plus belles balades de la ville. Le long de ces 4 km embrassant le fleuve, rejoignez les Lisboètes pour un cocktail, une glace ou un café.

Doca de Santo Amaro QUARTIER

6 PLAN P. 134, B6

Cet ensemble d'entrepôts reconvertis en bars et restaurants offre une vue splendide sur la marina et le Ponte 25 de Abril.

Experiência Pilar 7 POINT DE VUE

7 PLAN P. 134, A6

L'Experiência Pilar 7 est l'occasion unique de voir de près l'emblématique Ponte 25 de Abril (p. 138) à 80 m au-dessus du sol. Ce point de vue d'un genre nouveau, qui a coûté près de 5,3 millions d'euros, a ouvert ses portes en 2017. On y parcourt le pont aux allures de Golden Gate dans une mise en scène en réalité virtuelle qui ravira les passionnés

Votre ticket s'il vous plaît !

Le Village Underground Lisboa, projet culturel originellement destiné à la ville de Londres, est caché à l'intérieur du complexe Carris d'Alcântara. Cet espace polyvalent abrite la joyeuse **Cafetaria Village** (plan p. 134, A6 ; www.vulisboa.com ; Rua Primeiro de Maio 103, Village Underground Lisboa ; plats 3,50-8 € ; 12h-20h avr-sept, jusqu'à 18h mar-dim oct-mars ;), aménagée dans un vieux bus à impériale posé sur des containers (super pour les enfants). Les touristes ne s'y pressent pas, bien qu'elle soit visible (mais pas accessible) depuis l'Avenida Brasília et le Ponte 25 de Abril.

d'ingénierie. On découvre comment le tablier métallique suspendu est relié au viaduc en béton, et l'on aperçoit les principales fixations des câbles porteurs. De quoi fasciner aussi les enfants. (www.visitlisboa.com ; Ponte 25 de Abril ; adulte/enfant 6 €/gratuit ; 10h-18h oct-avr, jusque 20h mai-sept)

Casa Fernando Pessoa

CENTRE CULTUREL

8 PLAN P. 134, E1

Plongez dans la vie et l'œuvre de l'auteur portugais Fernando Pessoa en visitant ce qui fut son appartement. Parcourez sa bibliothèque (numérisée) et tentez de déchiffrer ses notes manuscrites. On s'arrête également devant les tableaux et tapisseries réalisés par les autres membres du mouvement moderniste, comme le peintre Júlio Pomar. (213 913 270 ; www.casafernandopessoa.pt ; Rua Coelho da Rocha 16 ; adulte/enfant/visite guidée 3 €/gratuit/4 € ; 10h-18h lun-sam, visites guidées 11h30 lun, ven et sam)

Ponte 25 de Abril

PONT

9 PLAN P. 134, A6

Si vous avez une impression de déjà-vu en posant le regard pour la première fois sur le grandiose pont du 25-Avril, c'est parce qu'il fut construit, en 1966, par la même entreprise que celle qui réalisa le Golden Gate à San Francisco. Long de 2,27 km, il est presque aussi long que son homologue américain. (www.lusoponte.pt ; Doca de Santo Amaro)

Se restaurer

Último Porto

PRODUITS DE LA MER **€€**

10 PLAN P. 134, E5

Ce secret bien gardé des Lisboètes se mérite : l'Último Porto est caché entre les grues du port de la capitale. On y sert du poisson grillé délicieusement simple, accompagné d'un vin du Douro ou de l'Alentejo. Avec son restaurant de grillades coincé entre les bâtiments du port et les containers,

María do Céu attire les foules. (213 808 808 939 ; Estação Marítima da Rocha do Conde de Óbidos ; plats 8,50-17 € ; 8h-16h30 lun-sam)

Petiscaria Ideal

FUSION **€€**

11 PLAN P. 134, G3

Ce petit resto animé sert de délicieux *petiscos* (tapas) – toast à la purée de pois cassés jaunes, jambon et sérac, condiment de caille et pain frit, mijoté de porc et compotée de poivrons – ponctués d'une douceur comme le gâteau à la châtaigne ou le crumble de coings. Aux murs, des azulejos dépareillés, que l'on observe depuis les grandes tables partagées, dans une ambiance rock bien sentie. (213 971 504 ; www.petiscariaideal.com ; Rua da Esperança 100 ; petites portions 3-9 €, plats 9-14 € ; 19h-2h lun-sam ;)

Clube de Jornalistas

MÉDITERRANÉEN **€€**

12 PLAN P. 134, F3

Il vous faudra un peu de détermination pour trouver le Clube das Jornalistas en haut de sa colline. Cette maison du XVIIIe siècle s'ouvrant sur un jardin arboré vous offrira tous ses charmes, en tête desquels sa cuisine méditerranéenne et portugaise : risotto de crevettes crémeux façon brésilienne ou porc noir à la truffe. Service impeccable. Cela vaut bien quelques efforts. (213 977 138 ; www.restauranteclubedejornalistas.com ; Rua das Trinas 129 ; plats 15,50-23 € ; 12h30-1h30 et 19h30-minuit lun-sam ;)

Cantina LX

CAFÉ **€€**

13 PLAN P. 134, A5

Dans un décor de bois façon industriel chic, ce café très cool au sein de la LX Factory propose des plats sur le pouce et autres assiettes comme le cabillaud ou le steak d'aloyau. Brunch le dimanche. (www.cantinalx.com ; Rua Rodrigues de Faria 103, LX Factory ; plats 9-16,50 € ; 12h-15h lun, 12h-15h et 19h30-minuit mar-sam, jusque 16h dim ;)

Loco

PORTUGAIS **€€€**

14 PLAN P. 134, F2

À l'ombre de la Basílica da Estrela, ce nouveau venu de la scène culinaire lisboète sert les plats du chef Alexandre Silva. Son interprétation des classiques portugais puise à la fois dans la tradition et le voyage, pour une aventure gastronomique haute en couleurs. Chaque jour, deux menus dégustation secrets (on choisit entre 14 ou 18 "moments") sous-tendus par un engagement écologique. (213 951 861 ; www.loco.pt ; Rua dos Navigantes 53B ; dégustation à partir de 90 € ; 19h-23h mar-sam)

1300 Taberna

PORTUGAIS **€€€**

15 PLAN P. 134, A5

Au plafond, un étrange mélange de lustres rustiques-chics et de conduits de ventilation exposés.

En salle, de grandes tables partagées. Ce petit bijou de la LX Factory réinvente avec malice les plats portugais traditionnels, au feu de bois notamment. On s'y arrête aussi avec plaisir pour un simple verre. (213 649 170 ; www.1300taberna.com ; Rua Rodrigues de Faria 103, LX Factory ; plats 17-28 € ; 12h30-15h et 20h-minuit mar-sam ;)

Prendre un verre

Foxtrot

BAR

16 PLAN P. 134, H1

Celui qui pousse la porte du Foxtrot est accueilli par un coucou suisse. Éclairage tamisé, ambiance arty et glamour : ce bar sert depuis 1978 une musique jazzy et des cocktails d'une finesse incomparable, dont on retrouve la liste sur papier-calque (cocktails 7 à 15 €). Le Foxtrot a une vraie âme. (barfoxtrot.pt ; Tv Santa Teresa 28 ; 18h-2h lun-jeu, 18h-3h ven-sam, 20h-2h dim ;)

Quimera Brewpub

BRASSERIE

17 PLAN P. 134, C4

Tenu par un couple américano-brésilien, ce pub-brasserie, ouvert en 2016, propose 12 références, parmi lesquelles des raretés comme la blonde belge, la brune américaine et des bières acides expérimentales. Goûtez également des créations lisboètes de chez Dois Corvos, 8ª Colina, Lince et autres invités. On se délecte de ces nectars dans une salle voûtée en pierre, sans fenêtre, au fort caractère médiéval, autrefois un tunnel à carrosses du Palácio das Necessidades. (www.quimerabrewpub.com ; Rua Prior do Crato 6 ; 17h-minuit mer-ven, jusqu'à 2h ven-sam ;)

Le Chat

BAR

18 PLAN P. 134, E4

Vue sur les quais et le Ponte 25 de Abril (et les grues !) depuis la terrasse de ce café-bar tout en baies vitrées. Commandez un café en journée ou un cocktail (7,50-15 €) sur fond de musique douce le soir. Mieux vaut faire l'impasse sur la nourriture. (www.lechatlisboa.com ; Jardim 9 de Abril, Rua das Janelas Verdes ; 12h30-2h lun-sam, 12h30-minuit dim ;)

Bosq

BOÎTE DE NUIT

19 PLAN P. 134, B5

Ce night-club hyper branché distribué sur deux étages renferme un jardin vertical de 120 m² suspendu au-dessus du bar à l'étage. Ambiances variées autour de musique dance, R'n'B et hip-hop. La jeunesse lisboète s'y retrouve pour se déhancher parmi des portraits animaliers détournés et des papiers peints en 3D. (210 938 029 ; www.facebook.com/bosqlx ; Rua Rodrigues de Faria 103, LX Factory ; 23h-6h ven-sam)

Sortir

Senhor Vinho

MUSIQUE LIVE

20 PLAN P. 134, F3

L'étoile du fado Maria da Fé est à la tête de cette petite salle qui accueille des *fadistas* de premier plan. Allez-y pour le fado (à partir de 19h), et non pour la nourriture, et n'hésitez pas à refuser les suppléments à la carte. (213 972 681 ; www.srvinho.com ; Rua do Meio á Lapa 18 ; entrée 25 € minimum ; 20h-2h lun-sam)

Shopping

LX Market

MARCHÉ

21 PLAN P. 134, A5

Vêtements vintage, antiquités, artisanat, produits alimentaires et plantes étranges garnissent les étals du marché dominical de la LX Factory, le tout en musique. (www.lxmarket.com.pt ; Rua Rodrigues de Faria 103 ; 11h-20h dim)

Verso Branco

DESIGN

22 PLAN P. 134, H3

"Vers libre", c'est le nom de ce magasin de design multiniveau et haut de plafond. On y trouve des objets, œuvres d'art et meubles contemporains de fabrication portugaise : créations en laine burel, sacs La.Ga de Jorge Moita en édition limitée – ses beaux sacs en Tyvek ne pèsent que 40 g et peuvent contenir 55 kg. Fernando connaît l'histoire de chaque objet. (www.versobranco.pt ; Rua da Boavista 132-134 ; 11h30-20h mar-sam)

Effervescence à la LX Factory

Mettez-vous au diapason de la créativité lisboète au sein de la **LX Factory** (Plan p. 134, A5 ; www.lxfactory.com ; Rua Rodrigues de Faria 103), qui occupe un vaste ensemble industriel du XIXᵉ siècle. Ces entrepôts abandonnés sont devenus des studios de création et conception, galeries d'art, ateliers et imprimeries. On y trouve aussi un café au charme rustique revisité, une librairie, plusieurs restaurants, boutiques de design et espaces culturels. Des événements sont programmés au fil de l'année : concerts, projections, défilés de mode et expositions artistiques. Des soirées ont lieu le week-end, fréquentées par des passionnés de danse et d'art.

Portugal Gifts

SOUVENIRS

23 PLAN P. 134, E4

Cette boutique fait souffler un vent de modernité sur les souvenirs portugais : tasses à l'effigie du coq de Barcelos, dessous-de-verre en azulejos, sardines en chocolat... (www.portugalgifts.com.pt ; Rua Presidente Arriaga 60 ; 10h-19h lun-ven)

Vaut le détour

Palácio Nacional de Sintra

Inscrit au patrimoine mondial de l'Unesco, le palais national de Sintra présente la particularité fantaisiste d'être coiffé de deux immenses cheminées coniques. D'origine maure, ce palais d'un blanc éclatant a été agrandi par le roi Denis (1261-1325), puis par Jean Ier au XVe siècle, avant que Manuel Ier ne lui donne un style manuélin au siècle suivant. Jardins en arabesques, colonnes torsadées et carreaux géométriques datant des XVe et XVIe siècles jalonnent le parcours.

www.parquesdesintra.pt

adulte/enfant 10/8,50 €

9h30-19h

Depuis Rossio, trains pour Sintra (2,20 €, 40 minutes) toutes les 30 minutes (1 par heure le week-end), et toutes les 20 minutes depuis Oriente (2 par heure le week-end).

Capela Palatina

Le roi Denis fit ériger cette chapelle maure toute simple au début du XIVe siècle. Ses mosaïques polychromes, ses carreaux aux motifs géométriques, ses fresques de colombes, mais surtout son plafond à caissons kaléidoscopique minutieusement sculpté captivent les visiteurs.

Sala dos Cisnes

Cette salle majestueuse, dont le plafond Renaissance s'orne de 27 *cisnes* (cygnes) au cou doré, a accueilli pendant des années les banquets, les bals et les fêtes de la famille royale portugaise.

Sala das Pegas

Admirez le plafond décoré de *pegas* (pies). On raconte que la reine surprit ici Jean Ier en train d'embrasser l'une de ses dames d'honneur. Pour faire taire les commérages car se disant innocent, le roi fit peindre une pie pour chaque dame de compagnie de la cour. Les oiseaux portent dans leur bec un ruban avec les mots *por bem* (pour le bien).

Cuisine du palais

Dans les cuisines, le regard se porte sur les emblématiques cheminées que Jean Ier, amateur de gibier, fit ajouter au XVe siècle. Hautes de 33 m, elles servaient à faire rôtir la viande servie aux banquets royaux.

Sala dos Brasões

Dans cette salle entièrement décorée, des azulejos bleu et blanc du XVIIIe siècle, représentant d'éloquentes scènes de chasse, guident le regard jusqu'à la coupole octogonale du plafond, ornée des *brasões* (blasons) de 72 grandes familles du XVIe siècle.

★ À savoir

- Arrivez tôt ou tard pour éviter les heures de pointe.
- Économisez de 5 à 10% (selon le nombre de sites choisis) en achetant un billet combiné Parques de Sintra Monte da Lua.
- Visite guidée (5 €) tous les jours à 14h30.

Une petite faim ?

Depuis 1756, la **Fábrica das Verdadeiras Queijadas da Sapa** (www.facebook.com/queijadasdasapa ; Alameda Volta do Duche 12 ; pâtisseries à partir de 0,85 €) est réputée pour ses irrésistibles *queijadas* (tartelettes fourrées d'une sorte de pâte d'amandes au fromage frais et cannelle).

Fondée en 1952, la **Casa Piriquita** (www.piriquita.pt ; Rua das Padarias 1-5 ; travesseiros 1,40 €) régale les habitants d'un autre délice sucré, le *travesseiro*, une pâte feuilletée fourrée à la crème aux amandes et au jaune d'œuf.

Autres curiosités alentour

Castelo dos Mouros

(Sintra ; adulte/enfant 8/6,5 € ; 9h30-20h). Juchés à 412 m d'altitude et perdus dans la brume, les vestiges du château maure bâti au IXe siècle semblent planer au-dessus des bois. Ses remparts vertigineux s'insinuent sur les crêtes montagneuses, entre d'énormes rochers. Lorsque les nuages s'éloignent, la vue s'étend sur la colline de Sintra, ses palais, et jusqu'à l'Atlantique.

Le meilleur itinéraire à pied depuis Sintra-Vila n'emprunte pas la route principale mais la Rua Marechal Saldanha. Deux kilomètres sur un sentier au calme.

Palácio Nacional da Pena

(Sintra ; adulte/enfant 14/12,5 € ; 9h30-19h). Jaillissant sur une colline au milieu des bois, ce palais est un enchantement : dômes en forme de bulbe, portes de style mauresque, serpents en pierre et tours crénelées, le tout dans des tons citron et rose. Ferdinand de Saxe Cobourg-Gothat, le mari artiste de la reine Marie II, engagea l'architecte prussien Ludwig von Eschwege en 1840 pour construire cette fantaisie bavaro-manuéline. Il paracheva son "œuvre" en faisant élever sur une hauteur voisine une statue de lui en armure.

L'intérieur est tout aussi extravagant : porcelaines de Meissen, mobilier dessiné par Eiffel, fresques en trompe-l'œil, et plantureuses nymphes inachevées, peintes par le roi artiste Charles Ier.

Convento dos Capuchos

(Sintra ; 219 237 300 ; adulte/enfant 7/5,5 € ; 9h30-20h). La fondation de ce monastère des Capucins caché au fond des bois remonte à 1560. Douze moines se réunirent alors en une modeste communauté, menant une vie humble et ordonnée dans de minuscules cellules au plafond bas et à la porte étroite. Byron s'en moque dans son *Pèlerinage du chevalier Harold*, évoquant les trente-six années qu'y passa l'un des premiers reclus, Honorius (mort à 95 ans).

Souvent appelé "couvent de liège", le matériau tapissant les chambres, ce véritable labyrinthe de cellules et de chapelles, cuisine et grotte comprises, donne l'impression d'un monde comparable à celui d'*Alice aux pays des merveilles*. Cette retraite fut finalement abandonnée en 1834.

Palácio et Parque de Monserrate

(Sintra ; 0331-550 6851 ; adulte/enfant 8/6,5 € ; 9h30-20h). Au centre d'un luxuriant parc de 30 ha, une vaste pelouse soignée se déroule devant cet intrigant palais d'inspiration mauresque, folie romantique du XIXe siècle érigée pour le millionnaire anglais sir Francis Cook. Les grands jardins à l'anglaise entourant l'édifice ont été créés au XVIIIe siècle par le négociant anglais Gerard de Visme, puis agrandis par le peintre paysagiste William Stockdale, s'inspirant des Kew Gardens de Londres.

Nombre d'espèce exotiques poussent sur ses coteaux boisés : cyprès de Chine, dragonniers ou rhododrendrons de l'Himalaya. Le jardin mexicain est planté de palmiers, de yuccas et d'agaves. Quant au jardin japonais entouré de bambous, il abrite une profusion de camélias. Le parc est à 3,5 km à l'ouest de Sintra-Vila.

Palácio Nacional de Queluz

(Queluz ; ☎214 343 860 ; adulte/enfant 10 €/8,5 € ; ⏲9h-19h). Étonnant cousin portugais de Versailles, le Palácio de Queluz fut un pavillon de chasse avant de devenir vers la fin du XVIIIe siècle une résidence royale d'été. Bordés de grandes allées de chênes, ses jardins à la française sont agrémentés de fontaines (dont la Fonte de Neptuno, attribué au maître italien Bernin) et d'un canal agrémenté d'azulejos où la famille royale faisait du bateau.

Le palais a été dessiné par l'architecte portugais Mateus Vicente de Oliveira et l'artiste français Jean-Baptiste Robillon pour l'infant Dom Pedro, futur Pierre III, dans les années 1750. La nièce et épouse de Pierre III, la reine Marie Ire, a vécu ici la majeure partie de son règne, sombrant peu à peu dans la folie.

L'intérieur abrite notamment une salle du trône garnie de miroirs et la chambre à coucher où le souverain dormait, entouré de fresques illustrant *Don Quichotte* sous un plafond circulaire. Les vastes cuisines accueillent aujourd'hui un restaurant gastronomique au cadre somptueux.

Palácio Nacional de Queluz au décor rococo

Carnet pratique

Ascensor da Bica (p. 41) MATT MUNRO/LONELY PLANET ©

Avant de partir

Hébergement

- Pensez à réserver en haute saison (mi-juillet à mi-septembre).
- Dans beaucoup de pensions, dépourvues d'ascenseur, il vous faudra grimper avec vos bagages trois étages ou plus. Si cela vous incommode, réservez un hôtel avec ascenseur.
- Les *pensões* et les *residenciais* sont de petites pensions familiales. Les meilleures de cette catégorie valent souvent mieux que les hôtels d'entrée de gamme. Le tarif inclut généralement le petit-déjeuner.

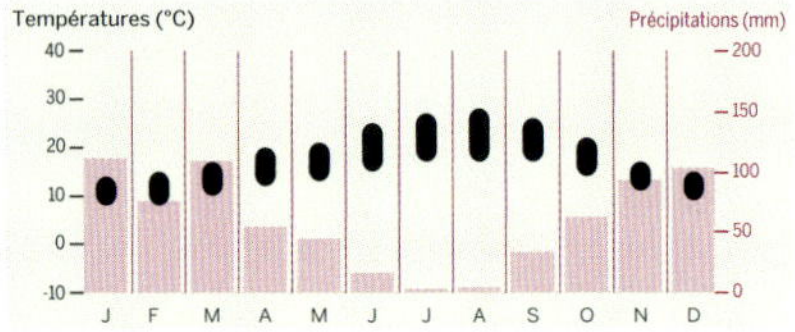

Quand partir

Hiver (nov-fév). Période calme, sauf lors du carnaval. Tarifs intéressants, mais météo moins clémente.

Printemps (mars-mai). Temps doux et souvent ensoleillé, idéal pour les visites. Hébergements encore abordables.

Été (juin-août). Belles températures pour aller à la plage et dîner en terrasse. Réservez impérativement l'hébergement.

Automne (sept-oct) Météo agréable hormis quelques averses, riche programmation culturelle et affluence moindre.

Sites Internet

Lisbon Lux (www.lisbonlux.com). Guide branché sur tout ce qu'il y a faire dans la ville, avec une rubrique hébergements.

Go Lisbon (www.golisbon.com). Guide des hôtels, appartements, auberges et *pousadas* (hébergements haut de gamme) avec informations pratiques sur la ville.

Petits budgets

Lisbon Calling (www.lisboncalling.net). Jolie auberge pour *backpackers* avec fresques et azulejos aux murs, parquet au sol.

Lisbon Destination Hostel (www.destinationhostels.com). Excellente auberge de jeunesse située dans la plus belle gare de la ville.

Home Lisbon Hostel (www.homelisbonhostel.com). Auberge familiale aux équipements dernier cri en plein cœur de Baixa.

Independente (www.theindependente.pt). Élégant boutique-hôtel face au majestueux Miradouro de São Pedro dans Alcântara.

Living Lounge (www.livingloungehostel.com). Cette auberge assez branchée et au chouette décor vintage est à cheval entre Chiado et Baixa.

Catégorie moyenne

Casa do Príncipe (www.casadoprincipe.com). B&B de 9 chambres à l'excellent rapport qualité/prix occupant une vaste demeure du XIXe siècle à l'architecture néomauresque.

Lisbon Story Guesthouse (lisbon-storyguesthouse.com). Très bonne chambre d'hôtes donnant sur la place animée Largo de São Domingos.

Casa Amora (www.casaamora.com). Boutique-hôtel élégant et singulier, joli jardin et personnel attentionné, à deux pas du Mãe d'Àgua.

Lisbon Dreams (www.lisbon-dreamsguesthouse.com). De belles chambres hautes de plafond

Casa de São Mamede (www.casadesaomamede.com). Proche du jardin botanique, cette villa du XVIIIe siècle tenue en famille loue des chambres avec mobilier d'époque.

Catégorie supérieure

Palácio Belmonte (www.palaciobelmonte.com). Près du Castelo de São Jorge, un magnifique *palácio* du XVe siècle pour un séjour de luxe.

Santiago de Alfama (www.santiagodealfama.com). Dans le quartier d'Alfama, ce palais du XVe siècle tombé en ruine a été transformé en splendide boutique-hôtel.

Valverde (www.valverdehotel.com). Nouveau venu, ce boutique-hôtel à l'esthétique contemporaine et très soignée propose 25 chambres dans une ancienne maison de ville sur l'Avenida da Liberdade.

Memmo Alfama (www.memmoalfama.com). Boutique-hôtel tendance dont la terrasse sur le toit domine l'Alfama.

Pestana Palace Lisboa (www.pestana.com/pt/hotel/pestana-palace). Œuvre de l'architecte italien Nicola Bigaglia (1904), le Valle Flor Palace – monument national – accueille cet hôtel empreint d'histoire.

Arriver à Lisbonne

Aeroporto de Lisboa

- Situé à quelque 6 km au nord du centre-ville, l'ultramoderne Aeroporto de Lisboa offre des vols vers les plus grands aéroports internationaux.
- L'aéroport est desservi par le terminus de la ligne rouge de métro, qui permet de rejoindre le centre-ville (aller simple 1,45 €).
- L'**AeroBus** (www.yellowbustours.com ; aller-simple 3,60 €) relie l'aéroport à Marquês de Pombal, l'Avenida da Liberdade, Restauradores, le Rossio, la Praça do Comércio et le Cais do Sodré (25-35 min) toutes les 20 minutes environ, de 7h à 23h. Départ devant le hall des arrivées. Le billet donne accès au réseau des bus urbains pour le reste de la journée.

- Comptez environ 16 € la course en taxi jusqu'en centre-ville et un supplément de 1,60 € pour les bagages. Pour ne pas faire la queue (et éviter les taxis frauduleux), prenez le taxi au niveau du hall des départs. Les taxis officiels sont de couleur beige ou noir et vert.

Depuis la France

- **Air France** (www.airfrance.fr), **TAP Air Portugal** (www.tap.fr), **Aigle Azur** (www.aigle-azur.com), **Vueling** (www.vueling.com) et **easyJet** (www.easyjet.com/fr) assurent des vols quotidiens directs Paris-Lisbonne. Des vols directs pour Lisbonne sont également assurés depuis Bordeaux, Lyon, Marseille, Nice et Toulouse. **Transavia** (www.transavia.com) assure une liaison avec Nantes.

Depuis la Belgique

- **SN Brussels Airlines** (www.brusselsairlines.com/fr), **TAP Air Portugal** (www.flytap.com) et **Air France** (www.airfrance.be) proposent des vols réguliers depuis Bruxelles pour Lisbonne.

Depuis la Suisse

- Lisbonne est desservie depuis Genève par **easyJet** (www.easyjet.com) et **TAP Air Portugal** (www.flytap.com). Les tarifs sont sensiblement les mêmes que depuis Paris ou Bruxelles. **Swiss International Airlines** (www.swiss.com) dessert également Lisbonne, mais le tarif est beaucoup plus cher. **STA Travel** (www.statravel.ch) vous renseignera.

Depuis le Canada

- Il n'y a pas de vols directs entre le Canada et le Portugal. Renseignez-vous pour prendre une correspondance à Paris ou à Londres.

Gare Santa Apolónia

- Il y a des métros très souvent, ce qui permet de rallier rapidement le centre-ville. Un aller simple coûte 1,45 €, quel que soit le trajet.
- Santa Apolónia se trouve sur la ligne bleue du métro, à une station du Terreiro do Paço (Praça do Comércio), au cœur de la ville basse.

Gare do Oriente

- Cette gare ultramoderne est desservie par la ligne rouge du métro.
- Comptez 20 minutes pour rallier la station Baixa-Chiado en plein centre, avec un changement à Alameda (ligne verte).
- Parmi les bus reliant la Gare do Oriente au centre-ville, citons le n°708 jusqu'à Martim Moniz (via l'aéroport ; aller simple 1,85 €).

Comment circuler

Métro

- Compact et facile d'utilisation, le réseau du métro (www.metrolisboa.pt) de Lisbonne comprend quatre lignes (rouge, verte, bleue et jaune).
- Les rames circulent de 6h30 à 1h.
- Les tickets s'achètent aux guichets automatiques en station. Un aller simple coûte 1,45 € (à créditer sur une carte rechargeable

Viva Viagem ; voir l'encadré ci-dessous).

- Repérez les panneaux utiles de *correspondência* (correspondance) et de *saída* (sortie).

Bus, tramway et funiculaire

- Carris (www.carris.pt) gère tous les transports, sauf le métro.
- Les bus et les tramways circulent de 5h/6h à 1h. Quelques lignes fonctionnent la nuit.
- Procurez-vous une carte de transport dans un office du tourisme ou aux guichets Carris, présents un peu partout en ville. Le détail des horaires et des lignes figure sur le site Internet.
- L'aller simple coûte 1,85 € pour le bus et 2,90 € pour le tramway et peut s'acheter à bord. Les cartes Carris/Métro 24h (6,30 €) sont disponibles aux machines ou aux guichets des stations de métro.
- Comptez 3,70 € l'aller-retour en funiculaire (*elevador*) et 5,15 € pour l'Elevador de Santa Justa.
- N'oubliez pas de valider votre ticket.

Taxi et covoiturage

- Les taxis (beige ou noir et vert) sont nombreux à Lisbonne. Vous trouverez des stations au Rossio, Praça dos Restauradores ou près des gares ferroviaires et maritimes.
- Le compteur doit afficher le montant de la prise en charge (3,25 € en journée).
- Des suppléments s'appliquent entre 21h et 6h (majoration de 20%) et pour les bagages (1,60 €).
- Les Lisboètes sont pour leur part friands des applis de taxis et de covoiturage, aux tarifs plus bas que les taxis traditionnels. Parmi les plus utilisées : Uber (www.uber.com), Cabify (www.cabify.com), 99Taxis (www.99taxis.com), Taxify (www.taxify.eu) et MyTaxi (https://pt.mytaxi.com).

Vélo

- La circulation, les tramways, les collines

Tickets et cartes de transport

Il existe deux cartes de transport pratiques et complémentaires pour circuler en ville. Elles s'achètent dans le métro.

Viva Viagem/7 Colinas D'un coût de 0,50 €, elle vous permet ensuite de charger des tickets à l'unité ou des forfaits. Sélectionnez l'option "ajouter du crédit" plutôt qu'un aller simple (uniquement valable dans le métro). Cela vous permettra de circuler dans le métro, le bus, les tramways et à bord des funiculaires. À l'unité, le ticket de métro, bus ou tramway (réseau Carris pour les deux derniers) est à 1,45 €.

Carte Carris/Métro 24h Elle coûte 6,30 € et permet un nombre de voyages illimités pendant 24h dans le bus, le métro, les tramways et les funiculaires. Elle se charge sur la carte Viva Viagem.

et les pavés rendent les déplacements à vélo difficiles. Une nouvelle piste cyclable agréable longe cependant le Tage.

- Pour louer un deux-roues, rendez-vous à **Bike Iberia** (969 630 369 ; www.bikeiberia.com ; Largo Corpo Santo 5 ; location heure/jour à partir de 5/15 €, vélo élec. heure/jour 20/35 € ; 9h30-19h), est à deux pas de Cais do Sodré.
- Pour des trajets plus courts, vous pouvez opter pour **Gira** (211 163 060 ; www.gira-bicicletasdelisboa.pt ; 2 €/jour pour des trajets de 45 minutes maximum ; 6h-2h), le réseau de vélos en libre-service de la ville.

Infos pratiques

Argent

Devise

La devise du Portugal est l'euro.

Distributeur automatique de billets

Les DAB (Multibancos) sont la meilleure solution pour retirer de l'argent. Les titulaires d'un compte hors zone euro pourront se voir prélever une commission par leur banque.

Cartes bancaires

Les cartes Visa et MasterCard sont couramment acceptées. Les cartes sans code PIN comme les American Express le sont moins, sauf dans les hôtels et les restaurants haut de gamme.

Pourboire

Le pourboire ne figure pas sur l'addition. Dans les zones touristiques, un pourboire de 10% est très correct, bien que non obligatoire (la plupart des Portugais se contentant d'arrondir à l'euro supérieur).

Cartes de réduction

La carte **Lisboa Card** donne un accès illimité aux transports en commun y compris les trains pour Sintra et Cascais, ainsi qu'à tous les musées et sites principaux. Elle offre aussi des réductions jusqu'à 50% sur des visites guidées, des croisières et d'autres activités. Elle est en vente dans les offices du tourisme **Ask Me Lisboa** ((210 312 810 ; www.askmelisboa.com ; Praça do Comércio ; 9h-20h), dont celui de l'**aéroport** ((218 450

Astuces pour dépenser moins

- Le dimanche matin, l'entrée est gratuite dans de nombreux musées lisboètes.
- Il existe souvent des tarifs réduits (jusqu'à 50% de réduction) pour les enfants, les étudiants et les seniors, sur présentation de documents comprovatifs.
- Beaucoup de grands musées et sites de Lisbonne ne font pas payer l'entrée aux moins de 12 ans (plus rarement aux moins de 14 ans).

660 ; www.askmelisboa.com ; Aeroporto de Lisboa, hall des arrivées ; ⌚7h-minuit). 24/48/72 heures 19/32/40 €. Validation à la première utilisation.

Électricité

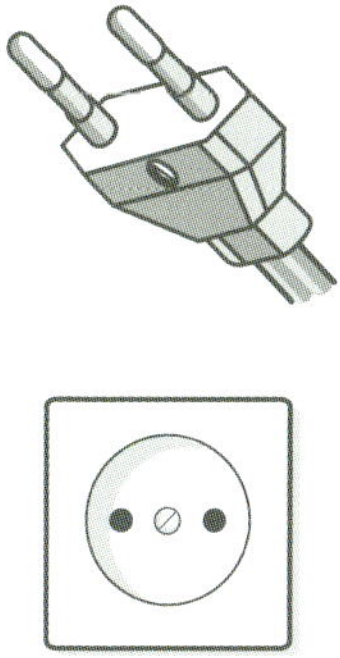

Type C
230V/50Hz

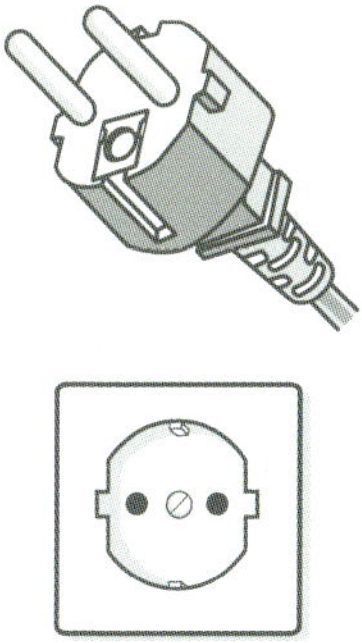

Type F
230V/50Hz

Heures d'ouverture

Beaucoup de commerces sont fermés le dimanche. Certaines petites boutiques ferment parfois plus tôt le samedi et à l'heure du déjeuner (13h-15h). La plupart des musées sont fermés le lundi.

Restaurants 12h-15h et 19h-22h

Cafés 8h-minuit

Magasins 9h30-19h lun-ven, jusqu'à 1h sam

Bars 19h-3h

Discothèques23h-6h jeu-sam

Banques 8h30-15h lun-ven

Jours fériés

Banques, bureaux, grands magasins et certaines boutiques sont fermés les jours fériés.

Nouvel An 1er janvier

Mardi gras Février/mars ; veille du mercredi des Cendres

Vendredi saint Mars/avril

Jour de la Liberté 25 avril ; révolution des Œillets (1974)

Fête du Travail 1er mai

Corpus-Christi Mai/juin ; 9e jeudi après Pâques

Fête nationale 10 juin ; également appelée Dia de Camões e das Comunidades Portuguesas

Fête de saint Antoine 13 juin

Assomption 15 août

Fête de la République 5 octobre ; anniversaire de la proclamation de la République portugaise en 1910

Toussaint 1er novembre

Jour de l'Indépendance 1er décembre ; anniversaire de la restauration de l'indépendance du Portugal sur l'Espagne en 1640

Immaculée-Conception 8 décembre

Noël 25 décembre

Offices du tourisme

Centre-ville

Palácio Foz (☎ 213 463 314 ; www.askmelisboa.com ; Praça dos Restauradores ; ⌚9h-20h). Le plus grand des offices du tourisme de la ville, et aussi le plus utile. Plans, informations pratiques, réservation d'hébergement et location de voitures. Consignes et Internet en accès payant.

Terreiro do Paço (☎ 210 312 810 ; Praça do Comércio ; ⏲ 9h-20h) Annexe également bien fournie.

Tous sont sous l'égide du service touristique municipal, Turismo de Lisboa, donc pilotés par ses membres et subjectifs quant aux services mis en avant.

Kiosques

Aeroporto de Lisboa (☎ 218 450 660 ; hall des arrivées ; ⏲ 7h-minuit)

Belém (☎ 910 517 981 ; Mosteiro dos Jerónimos ; ⏲ 9h-18h)

Torre de Belém (☎ 910 517 886 ; Jardim da Torre de Belém ; ⏲ 9h-18h)

Rossio (☎ 910 517 914 ; Praça Dom Pedro IV ; ⏲ 10h-13h et 14h-18h)

Sécurité

Lisbonne jouit d'un faible taux de criminalité, mais le nombre de vols sans gravité est en hausse.

- Surveillez votre porte-monnaie dans les tramways – lieux de prédilection des pickpockets – et autres sites touristiques comme la Rua Augusta.
- Soyez vigilant la nuit près des stations de métro Anjos, Martim Moniz et Intendente, où des agressions se sont produites, ainsi que dans les ruelles sombres des quartiers de Graça et d'Alfama.
- Ouvrez également l'œil dans le quartier de Cais do Sodré, témoin d'un nombre croissant de vols à la tire.

Toilettes

Les toilettes publiques sont rares à Lisbonne. Les gares ferroviaires et routières et les stations de métro en sont toutefois souvent équipées. Le mieux reste encore de pousser la porte du premier bar ou café et d'y commander un *bica* (expresso) pour pouvoir ensuite utiliser les toilettes.

Urgences

Ambulance, Police et Pompiers (☎ 112)

Voyageurs à mobilité réduite

L'aéroport de Lisbonne est adapté aux fauteuils roulants, et certains hôtels récents ont des chambres dédiées aux personnes à mobilité réduite, mais proposant souvent le minimum. Certaines auberges offrent elles aussi des aménagements pour les voyageurs avec handicap.

Avec ses pavés et ses rues en pente, Lisbonne n'est pas des plus faciles pour les personnes à mobilité réduite, mais elle reste accessible. Baixa et Belém, plus plats, sont à privilégier, et le Parque das Nações est accessibles à tous.

Accessible Portugal (☎ 211 338 693 ; www.accessibleportugal.com ; Rua António Champalimaud, Lote 1). Cette association lisboète promeut le tourisme pour tous. On lui doit l'excellente appli **TUR4all Portugal** (Android et iOS), base de données des ressources et services adaptés à travers tout le Portugal et l'Espagne.

Langue

La plupart des sons du portugais existent aussi en français, à l'exception des diphtongues et des diphtongues nasalisées que vous prononcerez en faisant passer le son par le nez comme dans "Boeing". Par ailleurs, le "s" final est souvent chuinté et se prononce ainsi "ch". L'accent tombe normalement sur l'avant-dernière syllabe des mots. Dans ces pages, les syllabes accentuées sont indiquées en italiques. En gardant à l'esprit ces quelques règles et en lisant la prononciation au regard de chaque mot comme en français, vous arriverez à vous faire comprendre.

Expressions courantes

Bonjour (matin/ après-midi) *Olá* o·la *Bom dia/ Boa tarde* bong·di·a/ bow tar·de

Au revoir *Adeus* a·dé·ouch

Comment allez-vous ?
Como está? ko·mou chta

Bien, et vous ?
Bem, e você? beïn i vo·cé

S'il vous plaît
Por favor pour fa·vor

Merci
Obrigado (m) o·bri·ga·dou
Obrigada (f) o·bri·ga·da

Pardon *Faz favor* fach fa·vor

Excusez-moi
Desculpe dèch·koul·pe

Oui/Non *Sim/Não* sing/nowng

Je ne comprends pas.
Não entendo. nowng én·teïn·dou

Parlez-vous français ?
Fala francês? fa·la fran·sèch

Au restaurant

..., s'il vous plaît
..., por favor ... pour fa·vor

Un café *Um café* oum ka·fè

Une table pour deux *Uma mesa para duas pessoas* ou·ma me·za pa·ra dou·ach pé·so·ach

Deux bières *Dois cervejas* doïch ser·vé·jach

Je suis végétarien(ne).
Eu sou vegetariano/ vegetariana. (m/f) e·ou soh vé·gé·ta·ri·a·no/ vé·gé·ta·ri·a·na

Santé ! *Saúde!* sa·ou·de

C'était délicieux !
Isto estava delicioso!
ich·tou chta·va dé·li·si·o·zou

L'addition s'il vous plaît
A conta, por favor
a cong·ta pour fa·vor

Achats

Je voudrais acheter...
Eu queria comprar...
e·ou ké·ri·a com·prar...

Je regarde juste.
Estou só a ver. chto sô a ver

Combien ça coûte ?
Quanto custa? kouan·tou kouch·ta

C'est trop cher.
É muito caro. é mouï·tou ka·rou

Pouvez-vous faire un prix ?

Pode baixar o preço?	*po·dé baï·char ou prié·sou*

Urgences

Au secours !

Socorro!	*sou·ko·rou*

Appelez un médecin !

Chame um médico!	*cha·me oum mé·di·kou*

Appelez la police !

Chame a polícia!	*cha·me a pou·li·sia*

Je suis malade.

Estou doente.	*chto dou·eïn·te*

Je suis perdu(e).

Estou perdido/ perdida. (m/f)	*chto per·di·dou/ per·di·da*

Où sont les toilettes ?

Onde é a casa de banho?	*on·de é a ka·za dé ba·niou*

Heure et chiffres

Quelle heure est-il ?

Que horas são?	*ki ô·rach sowng*

Il est 10h.

São (dez) horas.	*sowng (dèch) ô·rach*

10h30

(Dez) e meia	*(dèch) i méï·a*

matin	*manhã*	*ma·niang*
après-midi	*tarde*	*tar·de*
soir	*noite*	*noï·te*
hier	*ontem*	*ong·teïm*
aujourd'hui	*hoje*	*o·je*
demain	*amanhã*	*a·ma·niang*

1	*um*	*oum*
2	*dois*	*doïch*
3	*três*	*tréch*
4	*quatro*	*koua·trou*
5	*cinco*	*sing·kou*
6	*seis*	*sèïch*
7	*sete*	*sè·te*
8	*oito*	*oï·tou*
9	*nove*	*nô·ve*
10	*dez*	*dèch*

Transports et orientation

Où est... ?

Onde é...?	*on·de é ...*

Quelle est l'adresse ?

Qual é o endereço?	*kwal é ou en·de·riè·sou*

Pouvez-vous me montrer... (sur la carte) ?

Pode-me mostrar... (no mapa)?	*pô·dé·me mouch·trar (nou ma·pa)*

À quelle heure part... le prochain bus ?

Quando é que sai... o próximo autocarro?	*kwan·dou é ke saï ou pro·si·mou ow·to·ka·rou*

Je voudrais aller à...

Queria ir a...	*ke·ri·a ir a*

Est-ce qu'il s'arrête à...?

Pára em...?	*pa·ra ém*

Arrêtez-vous ici, s'il vous plaît.

Por favor pare aqui.	*pour fa·vor pa·ré a·ki*

En coulisses

Vos réactions ?

Vos commentaires nous sont très précieux pour améliorer nos guides. Notre équipe lit vos lettres avec la plus grande attention et prend en compte vos remarques pour les prochaines mises à jour. Pour nous faire part de vos réactions, prendre connaissance de notre catalogue et vous abonner à notre newsletter, consultez notre site Internet : **www.lonelyplanet.fr**

Nous reprenons parfois des extraits de notre courrier pour les publier dans nos guides ou sites web. Si vous ne souhaitez pas que vos commentaires soient repris ou que votre nom apparaisse, merci de nous le préciser. Notre politique en matière de confidentialité est disponible sur notre site Internet.

À nos lecteurs

Un grand merci aux voyageurs qui nous ont écrit pour nous faire part de leurs conseils et anecdotes :

Arthur Baugier, Laurence Cornée, Jonathan Corres Betancourt, Elena Dimcea, Alexandra Dirand, Joanathan Enzer, Élodie Fouet, Tatiana Jacquette, Jean-Raphaël Mahieu, Adeline Marie, Claire Nauton, Philippe Le Ny, Elisabeth Letourneur, Quentin Pelot, Marie-Pierre Perret, Laura Pietrzak, Moetu Robin, Chantal et Jean François Salouze, Caroline Saussey, Audrey Soula, Nadia Steer, Aurélie Teychené, Marion Valéry, Yann-Maël et Audrey,

Crédits photographiques

Photo de couverture: Vue de Lisbonne avec le Castelo São Jorge au loin.
Andrea Armellin/4Corners ©

Photographies p. 28-29 (En partant de la gauche) : Gustavo Frazao ; trabantos ; Sean Pavone ; Dudley Wood ; Radu Bercan/Shutterstock ©

À propos de cet ouvrage

Cette 4e édition du guide *Lisbonne En quelques jours* est une traduction-adaptation de la 4e édition du guide *Pocket Lisbon* commandée par le bureau de Londres. Les recherches sur le terrain et la rédaction ont été effectués par Kevin Raub. Regis St Louis a supervisé le tout. Les trois précédentes édition ont été l'œuvre de Kerry Christiani.

Traduction
Sophie Lecoq et Pauline Tardieu-Colinet

Direction éditoriale
Didier Férat

Coordination éditoriale
Émeline Gontier

Responsable prépresse
Jean-Noël Doan

Maquette
Caroline Donadieu

Cartographie
Eduardo Yanes-Blanch

Couverture
Laure Wilmot

Merci à Christiane Mouttet pour sa précieuse contribution au texte.

Index

Voir aussi les index des rubriques :

Se restaurer p. 160
Prendre un verre p. 161
Sortir p. 162
Shopping p. 162

E

F

G

H

I

J

L

M

N

PRENDRE UN VERRE

SORTIR

Shopping

Notes

Notes

Nos auteurs

Regis St Louis

Regis a cosigné plus de 50 guides Lonely Planet et traversé tous les continents. Ses voyages l'ont conduit des montagnes du Kamchatka aux villages reculés des îles de la Mélanésie, en passant par les grandes villes de ce monde. Suivez-le sur Instagram @regisstlouis.

Kevin Raub

Né à Atlanta, Kevin a commencé sa carrière en tant que journaliste musical à New York, signant des articles pour le *Men's Journal* et *Rolling Stone*. Il a depuis troqué le rock'n'roll pour une vie de voyages, et coécrit près de 50 guides pour Lonely Planet. Ses destinations de prédilection : le Brésil, le Chili, la Colombie, les États-Unis, l'Inde, les Caraïb et le Portugal. Cet insatiable voyageur est aussi un grand amateur de bières locales. Suivez-le sur Twitter et Instagram : @raubontheroad.

Lisbonne en quelques jours
4e édition
Traduit et adapté de l'ouvrage *Pocket Lisbon, 4th edition, February 2019*

Dépôt légal Mars 2019
ISBN 978-2-81617-926-2
Imprimé par L.E.G.O. Spa (Legatoria Editoriale Giovanni Olivotto), Italie

En Voyage Éditions | un département édi8